读史衡世·名相篇

还政李唐 狄仁杰

黄兆丰 ◎ 著

华中科技大学出版社
http://press.hust.edu.cn
中国·武汉

图书在版编目（CIP）数据

还政李唐：狄仁杰/黄兆丰著. -- 武汉：华中科技大学出版社，2024.4
ISBN 978-7-5772-0349-2

Ⅰ.①还… Ⅱ.①黄… Ⅲ.①狄仁杰（630-700）—传记
Ⅳ.①K827=42

中国国家版本馆CIP数据核字（2024）第033797号

还政李唐：狄仁杰
Huanzheng Litang: Di Renjie   黄兆丰 著

策划编辑：	亢博剑
责任编辑：	康 艳
责任校对：	李 弋
封面设计：	VIOLET
版式设计：	曹 弛

出版发行：华中科技大学出版社（中国·武汉）　　电话：（027）81321913
　　　　　武汉市东湖新技术开发区华工科技园　　　邮编：430223

印　　刷：	天津中印联印务有限公司
开　　本：	880mm×1230mm　1/32
印　　张：	7.5
字　　数：	190千字
版　　次：	2024年4月第1版第1次印刷
定　　价：	49.80元

本书若有印装质量问题，请向出版社营销中心调换
全国免费服务热线：400-6679-118　竭诚为您服务
版权所有　侵权必究

前言

在开始阅读之前,我想先问读者朋友一个问题:关于狄仁杰,你的第一印象是什么?

学习过历史的人可能知道狄仁杰"桃李满天下"的故事,知道武则天与狄仁杰的君臣际遇;喜欢影视的人也许看过《神探狄仁杰》《狄仁杰之神都龙王》这些电视剧、电影,知道狄仁杰是屡破奇案的大神探;我们姑且不论这些形象到底与狄仁杰的真实形象相不相符,有一点可以肯定的是,当今社会几乎每个人都听过狄仁杰这个名字。从这个角度来说,狄仁杰在当今社会确实有着远超一般历史人物的知名度。

这种现象并不常见,要知道,历史上的名相能臣并不少,但是能穿越千百年的厚重历史,留下大名,又是上到帝王贵胄,下到市井百姓,无人不知无人不晓的,可谓寥寥无几。

狄仁杰为什么会有如此巨大的人气和吸引力呢?

这首先离不开狄仁杰匡扶唐室的功绩。狄仁杰晚年,以武承嗣为首的武氏子弟与以李显、李旦为首的李氏皇族对皇位进行了一系列的争夺,在这场斗争中,狄仁杰起到了重要的作用:他力主迎立武则天之子李显,使其登上太子之位;又引荐张柬之等忠于李唐的大臣,为李显能够顺利继位储备了人才,同时也在武则天身边布下了一张严密的网。狄仁杰去世后,张柬之等人发动神龙政变,迫使武则天退位,李显重登天子之位,大唐江山社稷终于回到李氏手中。狄仁杰虽然没有见证大唐重归李氏,但他依然有着不可磨灭的功劳,因此获得了后世之人的普遍肯定,比如著名的诗人杜甫就曾经写诗赞扬狄仁杰匡扶唐室的杰出功绩:

狄明府(节选)

国嗣初将付诸武,公独廷诤守丹陛。

前言

> 禁中决策诏房陵,前朝长老皆流涕。
> 太宗社稷一朝正,汉官威仪重昭洗。
> 时危始识不世才,谁谓荼苦甘如荠。

诸如此类的诗文、故事不胜枚举。正是狄仁杰在匡扶唐室中起到的重要作用,使他被视为扭转乾坤、力挽狂澜的功臣,千年以来受到人们的无数颂扬。

当然,狄仁杰能够拥有如今这么高的人气,还离不开一个外国友人的帮助,这个人就是荷兰汉学家高罗佩。

明清时期出现了不少以狄仁杰事迹为题材的戏剧、小说,其中影响力比较大的一本是清末年间成书的《狄公案》,这本书写的是狄仁杰如何在侦破一系列奇案的同时推翻武则天的统治,迎回正统天子李显的故事,实际上,这本书讽刺的就是当时垂帘听政的慈禧太后。

  高罗佩是一个"中国通",对中国文化非常痴迷,也非常精通。他在中国担任荷兰流亡政府驻华使馆的外交官时,一次偶然的机会得到了这本清末成书的《狄公案》,发现狄仁杰的传奇经历不亚于西方的福尔摩斯,惊喜之下就把《狄公案》的前三十回拿回国翻译出版,结果在国外引起了极大轰动。20世纪50年代他又创作出版了一部140万字的《大唐狄仁杰断案传奇》,同样广受好评。此后,高罗佩与狄仁杰系列侦探故事的名气逐渐传到国内,国内的出版社发现国外居然有这样一部以狄仁杰破案为题材的侦探小说,于是把高罗佩的作品引进了国内。从此,狄仁杰在普罗大众眼中的形象就发生了天翻地覆的变化,这个来自大唐武周的能臣名相,从此成了一个破解无数奇案的大侦探。

  高罗佩对狄仁杰形象的二次创作使这位中国古代的名臣获得

了新的生命活力,现在我们看到的狄仁杰形象,很大一部分就来自高罗佩的创作,而狄仁杰在当代的人气也由此而来。

当然,如果我们只关注这两点,或许会觉得狄仁杰的名气盖由幸致,但其实不然。在本书里,我们会看到狄仁杰的一个个侧面:在担任宁州刺史期间,狄仁杰调解胡汉矛盾,抚和戎夏,安定了当地社会;同时又革除积弊,约束官吏扰民,注意发展生产,减轻百姓赋役负担,因而使得当地"人得欢心"。当地人民为其立碑镌文,"耆老歌刺史德美者盈路"。在担任豫州刺史期间,恰逢李贞叛乱被武则天镇压,奉命出征的张光辅留在豫州清查李贞余党,张光辅大肆株连,无辜百姓受牵连者多达五千余人。在此情况之下,狄仁杰不顾可能被认定为李贞余党的危险,向武则天上密信求情,最终使得这五千余人保得性命。这五千余人流放路上经过狄仁杰担任过刺史的宁州时,当地父老对他们说：“我狄使君活汝辈耶！”于是流放者与当地父老相偕痛哭于碑下，设斋三日而去。他们后来到达流放之地丰州，仍念念不忘狄仁杰活命之恩，遂又在当地立碑颂扬其德。

小到地方县令，大到掌握朝政的宰相，狄仁杰始终以大唐的江山社稷和天下的悠悠苍生为念，狄仁杰所到之处，一座座祠堂和一块块碑石见证了狄仁杰的政绩，一个个口口相传的民间传说体现着狄仁杰的品行。历史上有无数的名相和名将，但是真正能被历史记住的永远只有那些把人民放在心上的人，而这就是狄仁杰名气如此之大的第三个原因，也是最重要的一点：狄仁杰得到了人民的认可。

但是要看到，狄仁杰的一生并不是一直顺风顺水，他的经历是坎坷的，仕途是曲折的，他为官一生多次被诬告，青云直上从来就与狄仁杰无缘，第一次拜相时，狄仁杰已经六十二岁，但狄仁杰做了不到一年宰相，就遭到了酷吏来俊臣的诬陷，被判了死刑，只待武则天批准。所幸最后他凭借自己的机智和同僚的救助逃过一劫，与死神擦肩而过，被贬为县令。

面对如此不公的待遇、如此巨大的落差，狄仁杰没有消极抱怨，而是继续踏踏实实地把分内之事做到极致，把一个遭受严重旱灾的彭泽县治理得井井有条，使得人们安居乐业。罗曼·罗兰曾经说过，世界上只有一种英雄主义，那就是在认清生活的真相之后依然热爱生活。而狄仁杰的英雄主义则是在遭到官场的挫折之后，不随波逐流，更不改变自己正直的本性，坚守良知和底线。而这正是我们普通人能从狄仁杰身上学到的最重要的品质。

身处李唐和武周交会的这个特殊时代，狄仁杰无疑是一个传奇人物。他拥有着丰富多彩又曲折传奇的人生经历，虽然时间已经过去了一千三百多年,但是狄仁杰的故事仍然在历史的书卷里熠熠生辉,今天我们仍然能从他的身上汲取生活的希望和力量。来吧,让我们一同走近那个与影视剧形象迥然不同的狄仁杰吧,让我们翻开尘封的历史书卷吧,旅程从此开始!

目录

第一章　狄公家世

第一节　狄氏家族 001

第二节　明经入仕 008

第三节　武氏入朝 014

第二章　初入官场

第一节　汴州判佐 018

第二节　并州参军 024

第四章 达济天下

第一节 造福并州 060

第二节 治理宁州 065

第三节 巡抚江南 076

第四节 豫州「救火」 085

第三章 京官岁月

第一节 神判善决

第二节 弹劾佞臣 031

第三节 出使岐州 044

053

第五章 改朝换代

第一节 武周革命

第二节 首次拜相 101

第三节 生死危机 111

117

第六章 远离朝堂

第一节 彭泽县令

第二节 魏州刺史 127

第三节 安抚河朔 142

152

第八章 还政李唐

第一节 储位之争 186

第二节 大星陨落 202

第三节 神龙政变 206

第四节 狄公子孙 215

第五节 名留千古 219

第七章 国之重器

第一节 再度拜相 157

第二节 定边之策 166

第三节 国老出征 170

第四节 布局天下 178

第一章 狄公家世

第一节 狄氏家族

狄仁杰（630—700年），字怀英，唐代并州太原（今太原南郊区）人。至今，其故里狄村尚有一株枝叶繁茂的古槐，传为狄母手植。而古槐旁仍有一石碑，上刻"狄梁公故里"。虽然狄仁杰生活的年代距今已千年有余，但时至今日，狄仁杰的故事依然广为传颂，他的"孝子""忠臣"形象，和他断案如神的本领，仍旧是小说、影视剧的热门题材。虽然说狄仁杰在历朝历代都享有极高的声望与名气，但是在狄仁杰之前，狄氏家族并不是名门望族。

关于狄仁杰家族记载的书籍，主要有《旧唐书》《新唐书》以及唐人林宝所撰的《元和姓纂》。但是在这些资料里，关于狄氏家族的记载相当简略零散。《旧唐书·狄仁杰传》和《新唐书·狄仁杰传》只涉及狄仁杰父亲和祖父两代。《元和姓纂》一书，专记家族谱牒源流，是了解中国古代家族比较重要的文献，《新唐书·宰相世表》主要以《元和姓纂》为参考，但是在这两本书里，关于狄仁杰的家世记载同样简略。魏晋南北朝以来，中国社会逐渐盛行重视家族门第、郡望①的社会风气，门阀世族掌控着整个国家，到了隋唐时期，这种风气仍未改变。各个家族，尤其是大家族为了自身的谱系清晰，往往都有详细的家族谱牒。某些人为了抬高自身身价，甚至会做出"冒认祖宗"的举动。因此，从狄氏家族多有空白的家族记载我们就可以看出，狄氏出身门第不会很高。

根据《新唐书·宰相世表》记载，狄氏出自姬姓，周成王把姜孝伯封到狄城，孝伯后人就以此为姓，孝伯也就是狄氏的始祖。

在《新唐书·宰相世表》中，狄伯支被尊为狄仁杰先祖。狄伯支是后秦的开国功臣，曾任从事中郎，后来又升任尚书，深得皇帝信任。后来狄伯支率军出征，一同出征的将领谋反，狄伯支拒绝参与，因此被杀。从这里我们能够看出狄伯支忠义、耿直的性格，而这一性格特点也融入历代狄氏子孙的血液，并深刻影响了狄仁杰。到狄伯支的孙子狄恭时，狄家举家移居太原，为太原狄氏，欧阳修大概也是根据这点判断狄仁杰的先祖来源于此。②

---

① "郡"是行政区划，"望"是名门望族，"郡望"连用，即表示某一地域或范围内的名门大族。

② 杜文玉：《狄仁杰传》，商务印书馆，2019年版。

狄恭之子狄湛，字安宗。根据墓志记载，他曾在北魏为官，狄湛轻文好武，心存将略，十八岁即任散骑侍郎、给事中。北魏在永熙三年（534年）分裂为东、西魏，狄湛先到咸阳，又随建州刺史王保贵投东魏，被授予东雍州刺史，绥抚边民，恩威甚著，后又历任平西将军、安西将军、白马领民都督、泾州刺史、车骑将军等职。狄湛戎马一生，名盛一时。后人评价他"能辟土以承家，裂山川而建国，贵盛一时，声流千载"。

值得注意的是，狄湛曾担任过白马领民都督一职，根据著名学者周一良研究指出，领民都督一职前身为北魏设置的领民酋长，是专门授予那些依附于北魏的少数民族首领的，北魏权臣尔朱兆就任过此职。而狄湛任此职的经历也证明，狄氏家族极有可能有羌族血统[①]，这也可以从侧面佐证为什么狄氏家族从东汉到魏晋时期的记载会出现大面积空白。

狄湛之后狄氏的世系就比较清晰了，狄湛之子狄进，历任北齐兴王开府参军、建州司马。狄进之子狄绪，在《新唐书》和《宰相世表》中都记作"狄孝绪"，不过根据出土的《唐狄本墓志》和《邛州刺史狄公碑》记载，应是狄绪无误。

李渊起兵反隋时，狄绪在隋朝任新丰县县令，新丰县在今陕西省西安市临潼区内，位于李渊西进长安的必经之路上，狄绪正是在这个时期转投了李唐。狄绪在大唐初年，先后任行军总管、大将军、尚书左丞、金紫光禄大夫等职，封临颍男。

[①] 参见渠传福：《破解狄仁杰家世之谜》，《山西日报》2002年9月5日。常一民、周健：《太原北齐狄湛墓》，《文物》2003年第3期。

但很奇怪的是，新旧《唐书》中对狄绪的事迹几乎只字未提，只是在介绍狄仁杰时，才简单提及。唐初距新旧《唐书》成书时间并不算太久远，其事迹不应该被彻底遗忘。这也许是因为狄绪在任时并无特别功绩，这一点从他的爵位也能佐证：狄绪仅仅是一个男爵，在唐代爵制中是最低的。唐代以功授爵，隋末唐初战争频繁，显然狄绪并没有特别大的功绩。

狄绪生有五子，但是名字流传下来的只有三个，分别为狄知俭、狄知本、狄仁杰之父狄知逊。

狄知俭曾任江阴（今江苏江阴）县令，生平事迹缺乏，其后世子孙狄兼谟在唐宪宗、唐文宗时期为官，历任御史中丞、工部尚书、河东节度使等职，史料记载狄兼谟多次弹劾不法官员之事，为官颇有狄仁杰执法严明之风，因而新旧《唐书》都在狄仁杰的传后附有狄兼谟的传记。狄知本，字基。从墓志中我们可以较为清晰地看到狄知本的履历：通议大夫加金紫光禄大夫、陇西王府库真，后改世子府行参军事，武德元年（618年），狄知本又历任太子监门府司马、太子直斋。从履历可以看到，狄知本基本是太子李建成体系内的官员。武德八年（625年），狄知本被调出了京城，到商州任上洛县令。这一调动是幸运的，因为第二年（武德九年，626年），李世民率军设伏玄武门，将李建成、李元吉二人射杀，这就是历史上著名的"玄武门之变"。此后，李渊被迫立李世民为太子，后又禅位于李世民，改称太上皇，李世民即位，是为唐太宗。而狄知本如果在玄武门之变时还在李建成麾下，必然会受到牵连。狄知本颇有军事才能，根据出土的

《唐狄本墓志》记载，狄知本在营州都督府司马的任上，遭遇了奚族、契丹两族叛乱，虽然叛乱事发突然，营州防御力量薄弱，但狄知本仍然凭借不多的兵力坚守住了城池，并迫降了部分叛军。狄氏家族由武入文，狄伯支、狄湛就是以军功起家，狄绪担任过行军总管、开府大将军等职，到狄知本这一代仍能领兵作战，由此可以推测狄氏家族对行军打仗有一定的传承，强调文武并济，狄仁杰此后能作为河北道行军副元帅（元帅为李显，无实权）率大军出征，显露了一定的军事才能，应该也是受到这一传承影响。

狄知本的弟弟狄知逊，也就是狄仁杰的父亲，是狄绪的第五子。由于父亲狄绪是当朝大员，狄知逊自然能够受到良好的教育，根据狄知逊的墓志记载，狄知逊本人是"龙章凤姿、地灵天纵、神情秀发"①，也就是长相清秀，充满灵气。狄知逊科举及第后进入仕途，曾任郑州司兵参军兼郑王府兵曹参军。

此后，狄知逊历任梁州（今陕西汉中）都督府录事参军、夔州（今重庆奉节东北）都督府长史等职。狄知逊所任的官职并不高，而且多为副手，相比于前面提到的几位狄家人，实在是乏善可陈，即使是墓志中，对他政绩的记载也不过是"劝课农桑、招集流亡"。

狄知逊生有五子，长子就是狄仁杰，根据《新唐书·宰相世表》记载，狄仁杰之下还有四个弟弟：狄仁贞、狄仁节、狄仁

---

① 录自王昶：《金石萃编》卷六九《邠州刺史狄公碑》，中国书店据1921年扫叶山房本影印。

恪、狄仁矩。不过这四个弟弟是否出仕,均无记载。

狄仁杰的母亲史书上没有记载,但在狄知逊的墓志中有涉及,不过也只有死后的追赠信息,关键的姓氏已经残缺,根据历史资料和杜文玉教授的考证得知,狄仁杰有一个堂姨姓卢,堂姨即母亲的堂姐妹,因此我们可以推测,狄仁杰的母亲同样也是姓卢。

从狄仁杰的家世来看,虽然并不显赫,但也是一个本本分分的庶族知识分子家族,这为狄仁杰自小可以受到良好的教育提供了基础,官宦家庭的出身也为他日后科举得中、顺利步入仕途,提供了良好的条件。再有,祖辈们能文能武、耿直忠诚的性格,也遗传到了狄仁杰身上。

贞观四年(630年),狄仁杰在并州太原府呱呱坠地。根据明代阳曲知县彭而述所撰的《狄梁公谱系祀田记》载:"县之南治十里,人烟可三五十家,相传为梁公故里,志乘所载,父老所传,人竟呼之为狄村云。"① 阳曲县在唐代为并州下属县,明清时隶属太原府,唐代的阳曲县城位于今太原市北15公里左右,明代阳曲县城位于今太原市北25公里左右,狄村即在二者中间,狄仁杰就出生在此。

狄仁杰出生的贞观四年,对于大唐帝国有着重要的意义。

这一年,大唐六路大军齐发,彻底消灭了北边的劲敌东突厥。四年前(626年),突厥人趁"玄武门之变"后,大唐朝廷

---

① [清]戴梦熊:《阳曲县志》卷十四《碑记》,康熙二十一年刻本。

未安之机，大举南下，饮马黄河，迫李世民签下"渭水之盟"。之后，李世民开始厉兵秣马，以图一雪前耻。贞观三年（629年），李世民命兵部尚书李靖、并州（今山西太原西南）都督李世勣等六路大军，总兵力十余万，在李靖的统率下，向突厥进军。

贞观四年正月，李靖率领三千精骑从马邑出发，进占恶阳岭，突袭定襄。李靖的夜袭打得突厥人措手不及，颉利可汗的亲信康苏密带着萧皇后和炀帝之孙杨政道投降大唐，颉利可汗率领残部万余人仓皇逃跑。颉利可汗先是在碛口遇上了李世勣的追兵，逃脱后又遇到了李道宗，激烈交战后被副将张宝相生擒。突厥余部也纷纷归降，而那些曾经臣服在东突厥牙帐之下的各族部落也被大唐的赫赫兵威所震慑，不敢轻易来犯，自此大唐一步步实现开疆拓土的宏图大业，经济贸易日益稳定，国力日渐强大。

贞观时期的大唐拥有明君贤相，整个国家的样貌开始转变，逐渐有了"路不拾遗，夜不闭户"的文治、"月黑雁飞高，单于夜遁逃"的武功，还拥有锐意进取、刚健不屈又自信包容的精神气质，对于封建社会，这是一个近乎"理想国"的存在，也是无数人常常午夜梦回的大唐，即使是北宋宰相王安石都说过："愿为五陵轻薄儿，生在贞观开元时"。狄仁杰就出生在这样一个英雄辈出的时代，从小就对大唐英雄们的事迹耳濡目染，对李世民虎牢关"一战擒二王"、李靖雪夜破突厥之类的英雄事迹耳熟能详，而在这个过程中，狄仁杰对缔造贞观时代的明君贤相产生了极大的崇拜和向往，对大唐的强盛产生了极强的认同感和归属感，这是时代赋予狄仁杰的精神。

因为唐朝建立不久,统治阶级正处于欣欣向上的阶段,故而对不同思想、不同文化采取了兼容并包、广泛吸纳的态度。李氏本是陇西贵族,更加促进了少数民族文化与中原文化的交流,使得唐初国人受到的儒家正统思想的束缚空前减少,唐朝也因此成为中国历史上极为罕见的思想开放时期。生在这样一个繁荣的时代,狄仁杰有了可以充分展示才华的巨大空间。

第二节　明经入仕

狄仁杰出生的年代,恰是整个大唐开始逐步走上正轨的时期。在此之前,由于经历了隋末战乱,大唐的社会经济十分凋敝。隋炀帝大业五年(609年)时,天下有890万户,到狄仁杰出生的贞观初年,已经不足300万户。魏徵曾在贞观六年(632年)感慨道:"茫茫千里,人烟断绝,鸡犬不闻,道路萧条。"而这已经是有所好转的局面。狄仁杰的父亲狄知逊虽为官,但是品阶不高,其俸禄比较微薄,甚至会有饥寒之忧。狄仁杰虽为官宦子弟,但是并未生活在一个富裕的环境中。这种相对贫寒的生活环境不仅使狄仁杰自小就知道生活不易,而且也让他更了解百姓的疾苦,对百姓有更多的关心和同情,更能接近百姓、体谅百姓。

虽然关于狄仁杰童年、少年时期的记载较少,但是不难想象,他作为狄家长子,必然会受到父亲严厉的要求,希望他能科举及第，光耀门楣。唐代科举共设置六科，分别是秀才科、进士科、明经科、明法科、明书科和明算科，其中秀才科虽然等级最高，但因为其难度大、录取率低而被废，只保留其他五科。其中明经科和进士科考生人数最多，尤其是进士科，是做官的主要途径，考生也最多。

明经科的考试内容为先帖经后口试。帖经类似于今天的"古诗文填空"，选取儒学经典中的某一段，遮住其中的几个字让考生填写，帖经主要考察的是考生对儒学经典的熟悉程度。帖经通过之后是口试，口试的内容包括"经问大义"十条和"时务策"三条，前者是考查对儒学经典的经文大义的理解，后者是考查对时政方面的理解。

而进士科的考试内容则比明经科要难。进士科的考试内容为"时务策"五条，帖一大经。高宗永隆年间，还另外加了杂文一项。进士科的"时务策"比明经科多了两条，显然更加考验考生的政治水平。所谓的大经，则是指儒家经典中的《礼记》和《左传》，难度比明经科的要高。而杂文则是指诗赋文章等，考验考生的文学才华，不是死记硬背就能过关的。

所以从总体来看，明经科只要考生熟悉儒学经典即可，总体较为简单，而进士科不仅需要考查考生对经典的熟悉度，还非常考验考生实际工作的能力和创新能力，其难度远比明经科大，即便是才高如"唐宋八大家"之首的韩愈，也是考了四次才进士及第的。也正因如此，当时有"三十老明经，五十少进士"的说法，意思是说明经科较易，三十岁考中已经是太晚了，而进士科较难，即使五十岁考中也算早了。

明经科和进士科难度不一样，考中之后的待遇也完全不同。唐代大部分的宰相，都出自进士科。因而当时对进士及第者有"白衣卿相""一品白衫"的美称，而明经科考中后可担任的职务并不多，主要从事撰写公文一类的工作，狄仁杰的父亲狄知逊，就是明经擢第。

进士及第的学子，可以受到朝廷的宴请，他们的名字还会被题写在大雁塔上，甚至可在长安城披红挂花骑马游街，其风光非比寻常，无怪孟郊在四十六岁进士及第之后写下"春风得意马蹄疾，一日看尽长安花"这样字里行间都洋溢着兴奋喜悦之情的诗句了。

在父亲的督促下，狄仁杰坚定了读书入仕、比肩房杜的志向，更加勤勉好学，甚至达到了"痴"的境界。《旧唐书》《新唐书》都曾记载了这样一则关于狄仁杰的故事：为儿时，门人有被害者，吏就诘，众争辨①对，仁杰诵书不置，吏让之，答曰："黄卷中方与圣贤对，何暇偶俗吏语耶？"狄仁杰小时候家里出了命案，当地官府派了官差前来调查问询，当时狄府上下都按规矩来为自己辩解清白，唯独狄仁杰没当回事，在书房里继续看书。县吏发现了，觉得奇怪，就责问狄仁杰为何不出来配合调查。没想到狄仁杰头也没抬，说："我正在书中与圣人进行交流，哪有时间理你这样的俗吏呢？"

---

① 通"辩"。

从这个故事里能看到狄仁杰自小就有的一些独特之处：

第一点，勤奋刻苦，才思敏捷。狄仁杰将读书学习放在了首位，真正做到了"两耳不闻窗外事，一心只读圣贤书"。外界的干扰对他来说可以忽略，书中的"营养"才是他真正感兴趣的东西。而且他对书中的知识已经有所见解，读书仿佛是在受圣人指导，甚至可以以书为媒介，和圣人进行跨越时空的"沟通"。

第二点，胆识过人。史书中记载他尚处"儿时"，我国古代可称"儿时"，大概就是五至八岁。这么小的年龄，面对一场命案仍然可以专心读书，说明狄仁杰自小便胆量超群，只知圣贤，不惧鬼神。而面对威严的官吏前来责问，他不慌不忙，不卑不亢，将打扰他看书的官吏称作"俗吏"，也可以看出狄仁杰性格直率，不会拐弯抹角，也不会曲意逢迎。正因这样，狄仁杰从小就显得与众不同。宋朝的《南部新书》记载了这样一则关于狄仁杰的故事：狄仁杰年少时，与伙伴们外出游玩，遇到了学识渊博、善于相面的高僧海涛。他看过狄仁杰的面相后便感慨："此郎位极人臣，苍生是赖，但恨衰朽之质，所不见尔。"

此外，狄仁杰自少年时就有济世安民之志向，希望多学本领为民造福，所以他读书不仅限于圣贤经典，还对医书有所钻研，对医术也颇为精通。隋唐时期文人读书涉猎的范围很广，但医学卜筮的书一般不在其中。据唐代薛用弱编写的《集异记》记载，有一次狄仁杰赶考时，经华州（今陕西渭南市华州区），看到路边竖着一个大牌子，上面写着"能疗此儿，酬绢千匹"，如此重赏，到底身患什么病呢？狄仁杰感到好奇，走近一看，只见一个衣着华丽的十四五岁的少年，双目无神，气息奄奄。而他鼻端生着个瘤子，足有拳头大小，瘤子和鼻子间有一条细肉，粗细如筷，稍碰则痛苦万分。

狄仁杰观察良久，突然越众而出说道："可否让在下一试？"听到这话，围观的群众开始议论纷纷，再看狄仁杰完全不像身怀医术的样子。而患儿的父母压根没有多想便同意了，他们辗转多地找了无数名医，却无一见效，此刻既然有人愿意尝试，何乐不为？狄仁杰吩咐将患儿扶起，先是把脉沉思半晌，然后取出银针，从患儿后脑穴位扎入，接着又问孩子，患处是否有温热刺痛感，见孩子点点头，狄仁杰迅速将银针拔出。神奇的事情发生了，那瘤子掉了下来，孩子的疼痛也全部消失。见狄仁杰治好了孩子，周围的声音全部变成了兴奋叫好之声，孩子的父母更是喜极而泣，忙不迭地跪下来叩头谢恩，同时吩咐下人赶紧把酬金送上，狄仁杰说："我只是见这孩子可怜，并不是贪图你的财物。"说完，他拒绝了这份酬金就离开了。《集异记》作为一部小说，关于狄仁杰的这则故事的真假已经不可考，但是这也从一个侧面反映了狄仁杰在百姓心中扶危救难、见义勇为、不求回报的光辉形象。

相对于"医人"，狄仁杰的理想是"医国"。狄仁杰选择了相对简单的明经科，参加了科举考试并一举高中。狄仁杰考中明经的时间，史书上并无详细记录。但明经比较容易考中，狄仁杰在27岁以后"授汴州判佐"，所以可以推断狄仁杰中明经的时间应为他18岁至26岁，至于具体年份，由于史料缺乏已经不可考知。

前文已讲，由于进士科考试难于明经科，录取比明经科严格，所以一旦考中进士，其仕途明显优于明经，因而当时的士人，争相去考进士科——"其应诏而举者，多则二千人，少犹不减千人"。狄仁杰此时的选择无可厚非，或许是父亲的指导，或许是他更擅长明经科的应试。当时以明经出身而能任重职的人很少，而狄仁杰就是其中之一。

在唐代，士人科举及第之后，并不能立即入仕。科举及第仅是通过了礼部组织的考试，获得了任职资格，是不是真能做官，还需要经过吏部的"铨选考试"，由吏部负责安排相关工作。吏部组织的这种考试叫"释褐试"。"释褐"就是脱下百姓的衣服，穿上官服。唐代科举及第后的学子们，少则一年，多则几年甚至十几年才能通过铨选试，获得做官机会，主要的原因是人多官少，且文采好的人，未必适合做官。

释褐试的内容主要包括"身、言、书、判"四个方面，也称"四才"："一曰身，体貌丰伟；二曰言，言辞辩证；三曰书，楷法遒美；四曰判，文理优长。"简单来说，就是"官相"佳、口才要好、书法工整、精通文章和律法。由明经入仕的狄仁杰通过了重重考验，在唐高宗显庆年间（656—660年）①，获得了他的第一个职位——汴州判佐。而此时的大唐朝廷，也正在酝酿着一场风暴。

---

① 杜文玉：《狄仁杰传》，商务印书馆，2019年版。

第三节 武氏入朝

就在狄仁杰顺风顺水地进入仕途的时候,一位关系到狄仁杰仕途、人生的最重要的人物,也是与狄仁杰一生经历无数奇遇、幸运和磨难息息相关的女性正崭露头角,大唐政局也随之风云变幻。此人便是武则天。

武则天的父亲武士彟,曾为隋朝东都丞,史书称他"才器详敏,少有大节,及长,深沉多大略"。武士彟起初做木材生意,家资颇丰,又喜好交朋友。当年唐高祖李渊出征时,曾住在武家,受到武士彟的接待与照顾。到高祖任太原留守时,武士彟曾暗中劝高祖起兵,又亲自送上兵书和符瑞。高祖对他说:"兵书乃禁物,你尚且能拿来,我会深深铭记你的好意,定当同享富贵。"武德年间,武士彟多次升迁,做到工部尚书,晋封为应国公,又历任利州、荆州都督。

玄武门之变后,李渊立李世民为太子,两个月后禅让皇位。李世民是为唐太宗,改年号为贞观。贞观九年(635年)五月初六,太上皇李渊在垂拱殿驾崩,李世民将其安葬在献陵,庙号高祖。武则天的父亲武士彟,因太上皇李渊驾崩而悲痛患病,死在任上,终年59岁。遵其遗嘱,武家把武士彟的灵柩运回并州老家安葬。这年,武则天12岁,李治8岁。

武士彟前后有两个妻子,第一个相里氏,给武士彟生下二子,即武元庆和武元爽。相里氏病故,武士彟续弦娶了杨氏,生了三个女儿。武则天排名第二。

武士彟死后,前妻相里氏所生的儿子武元庆、武元爽经常虐待杨氏母女,杨氏不得不带着三个女儿依附娘家,日子过得非常艰难。世间的冷暖让武则天内心对权力产生了无限的渴望。她认为,只要有了足够的权势,就再也不用被别人压制,这也让她有了钢铁般的意志和决心,以及同龄人没有的冷静和睿智。

贞观十年(636年),长孙皇后去世,翌年,唐太宗闻武则天貌美,召她入宫,14岁的武则天以宫女的身份进入宫中。在进宫之前,母亲杨氏万般不舍地哭诉离别之苦,武则天则异常平静地说:"见天子庸知非福,何儿女悲乎?"

武则天入宫后,李世民封她为才人,还特意给了她一个昵称"媚娘"。但武则天想要在后宫佳丽中脱颖而出,得到李世民的宠幸,实在不是一件容易的事。

做了十二年才人的武则天最大的收获便是结识了李治。李世民晚年多病,太子李治经常在身边伺候,武则天作为才人,执掌皇帝的用膳和就寝。两人见面的时间长了,又年龄相仿,便产生了情愫。

贞观二十三年(649年)七月,李世民驾崩,太子李治继位,是为唐高宗,于第二年改年号永徽。根据礼制,没有为李世民孕育子嗣的武则天,要到感业寺出家为尼。武则天在这里过了一年晨钟暮鼓、青灯古佛的生活,直到次年李治来感业寺上香祈福。

久别重逢的二人很快旧情复燃，无奈李治迫于舆论压力无法接武则天入宫。恰巧此时王皇后与后宫的萧淑妃争宠，急需有人分萧淑妃的宠，王皇后得知了武则天的情况后大喜，一面暗中派人让武则天蓄发，一面向李治建议纳武则天入宫。

武则天很快便被李治复召入宫，第一年就为李治生下一子李弘。永徽三年（652年），武则天被拜为昭仪。武则天得宠后，之前矛盾很深的王皇后和萧淑妃开始联合起来打压武则天，但是武则天通过拉拢宫女、宦官等下层人员，在宫中广布耳目，不断向李治诋毁王、萧二人。为了扳倒二人，武则天无所不用其极，《资治通鉴》记载过这样一件事：武则天在永徽五年（654年）生下一个女儿，王皇后前往探望，武则天在王皇后走后，扼死了亲生女儿，等到李治前来看望女儿时，发现女儿已死。李治得知只有皇后来过后，大怒，武则天则趁机哭着向李治告状，李治就此有了废后之心。这件事记载在《资治通鉴》中，应该是较为可信的，从中也能看出武则天为了达到目的不择手段的狠辣冷血性格。

面对失去了皇帝信任的王皇后，武则天没有心慈手软，永徽六年（655年）六月，武则天诬告王皇后与其母厌（yā）胜，厌胜就是用巫术诅咒来制服人或者事物，是宫中绝对禁止的，李治因而对王皇后更加厌恶。当年十月，李治将王皇后和萧淑妃废为庶人，将二人的母亲兄弟流放岭南。此后，武则天并没有放过王皇后和萧淑妃这两个对手，用极其残忍的手段害死了她们。

武则天扳倒了后宫中王皇后和萧淑妃两股势力后，永徽六年李治不顾长孙无忌等重臣的劝阻，将武则天正式册封为皇后。显庆元年（656年）正月，原太子李忠被废，转封梁王，武则天的长子李弘被立为太子。至此，武则天终于登上了后宫权力的巅峰。

此时的狄仁杰，并不知道这位皇后将会在大唐掀起怎样的波澜，也不会想到自己的命运又将会怎样和这位传奇皇后纠缠在一起。

第二章 初入官场

第一节 汴州判佐

通过了释褐试的狄仁杰,满怀济世安民的理想,从长安出发,踏上了赴任的路途。狄仁杰的官职是汴州判佐。汴州也就是后来北宋的首都汴京开封,在隋唐五代时期叫汴州。此地在春秋战国时期就已兴起,还曾作为魏国的都城(大梁),隋炀帝修大运河后,通济渠经过汴州,使汴州获得了更快的发展。

唐朝的地方制度基本上沿袭了隋朝,即州、县两级的地方行政制度。汴州经济发达,属于上州,居住在汴州的官民人数众多。上州的长官为刺史,从三品。在刺史之下,重要的副手有三个,分别是从四品下的别驾、从五品上的长史和从五品下的司马。在这之下,就是狄仁杰所任的判佐,又称判司,判司是司功、司仓、司户、司兵、司法、司士等曹参军事的统称,涉及本州各种具体行政事务。狄仁杰到底充任的是哪一曹参军事，史书并无记载，也无可考证。但从职权来说，这个职位并不好做，既要应对上司的指责刁难，又要面对许多混迹官场、圆滑老到的吏员，与他们相处并不容易。后世韩愈曾在诗《八月十五夜赠张功曹》中，点评这一官职："判司官卑不堪说，未免捶楚尘埃间。"也就是说，这一职位十分卑微，而且稍有不慎就要挨打受屈。

狄仁杰上任之后，务实勤奋，兢兢业业，但还是被当地的吏员诬告。

"吏"这个阶层，在中国由来已久，他们在官员的指挥下，负责处理具体政务。相比流动任职的官员来说，吏员的工作往往是非常稳定的，所谓"公门老吏"，他们才是对一个地方最为熟悉的人。而经科举制度选出来的官员可能有很高的理论水平，也可能有一定的政治天赋，但是实践能力尤其是行政经验基本为零，当他们被派到地方去任职，想要做出政绩，必然离不开吏的支持和帮助。这些官员往往自视天子门生、文曲转世，但也不得不向吏员请求帮助，与他们分享权力。

但吏的收入待遇是非常低的，也就是仅够糊口的水平。吏的政治地位同样不高，在唐代，虽然出身吏职的人有机会成为官员，但官场对于非科举出身的吏员十分轻视，升官也不会优先考虑他们，即使成为官员也会受到其他同僚的慢待，例如武则天时代著名的酷吏周兴就是出身吏员，虽然一度受到唐高宗欣赏，但在高宗想要提拔他时，有人就指出周兴出身吏员而非清流，高宗因而作罢。由此可见，吏员迁官的希望实在是非常渺茫。这两个原因使得很多吏忘记了良心和责任而选择用手中的权力换取实际的利益。

从狄仁杰任职的汴州来看,此地四通八达,地势平坦。唐朝时,汴州作为通济渠沿线的重要城市,漕运十分发达,已是个繁华之地。漕运可是当时利润极其丰厚的行业,从事具体管理的吏员自然早已习惯从这些利润中分一杯羹。前几任官员或许与吏员同流合污,或许对此有心无力,因而当地的吏员一直肆意横行,无法无天。但是狄仁杰是个刚正不阿、坚持法度的人,他到任后,可能开始对这些贪赃枉法、假公济私的汴州吏员以高压态势进行了整治,吏员断了财路,便开始诬告狄仁杰,一封举报信就递到了黜陟使的手里。

塞翁失马,焉知非福。因为这次事件,狄仁杰结识了他人生中的第一个贵人。

唐朝虽然设立了州、县两级地方行政制度,但贞观元年(627年),唐太宗根据大唐的山川形势,又把全国划分为十道,但这个道并没有固定的办公地点和官员机构,只是方便皇帝派朝官到地方巡察,巡察官员的名称不定,有时候叫巡察使,有时候叫黜陟使。这些巡察官员对全国各道进行巡视、监察,他们要监察的内容主要为:官员的优劣善恶、赋税是否公平、农业是否兴旺、治安是否稳定、是否发掘了能人贤才、有没有地主恶霸、有没有假冤错案。遇到大事要上奏朝廷判决,小事的话自行处置。恰逢此时朝廷派出黜陟使巡察河南道,狄仁杰就被这些吏员告到了高宗派来的黜陟使阎立本那里。

阎立本，雍州万年（今陕西西安）人。贞观年间，历任主爵郎中、刑部郎中，迁将作少监。阎立本尤擅丹青，曾绘制《昭陵六骏》《凌烟阁功臣图》和描绘松赞干布使者来长安求亲、禄东赞在长安觐见唐太宗的《步辇图》等，这些流传下来的画作，无一不是价值连城的瑰宝。但也正是因为阎立本高超的艺术才华使得世人无意间忽视了他的政治才华，阎立本后来当了宰相，与他同一时期成为宰相的姜恪出征塞外打败了吐蕃，时人便有"左相宣威沙漠，右相驰誉丹青"之言，其意在讽刺阎立本是靠丹青这些末技才当上宰相，才不足以配位。但是从接下来阎立本对狄仁杰被诬告这件事的处置看来，阎立本并不是时人评价的那样不能胜任宰相之位，至少在识人之明这一点上，他确实有宰相之才。

此次阎立本带着朝廷的使命，刚到汴州的府衙，便收到了几封匿名信，这些信全是举报汴州判佐参军狄仁杰的，从生活作风问题说到他越权枉法，根据这些举报信的内容，这狄仁杰简直是罪大恶极。阎立本办事公正廉明，他将每一封举报信都认真地审读后，便发现了一些问题：这些举报信辞章畅达，所举报的内容条条皆扣在朝廷重视的问题上，很明显是出自公门老吏的手笔，不难看出这些人是想置狄仁杰于死地而后快。而且这些举报信虽然言辞甚厉，却在一些具体罪名上语焉不详。

满腹疑惑的阎立本立即命手下前去调查，在大概得知情况后，他觉得狄仁杰绝非一般庸官，遂决定把狄仁杰找来一探究竟。

当阎立本看到狄仁杰时，发现他目光如炬，正气凛然，对自己尊敬，却又不卑不亢，阎立本只顾着欣赏眼前这个青年才俊，一时间失了神。

狄仁杰自然知道上面坐着的是当朝大员阎立本,是自己敬佩的大唐贤良,而他正看着自己出神,又一言不发,不禁奇怪又有些紧张,稍定心神后,狄仁杰还是主动开口:"阎大人,不知您传下官前来,所为何事?"

经这一唤,阎立本回过神来,他笑着对狄仁杰说道:"本官奉旨巡察此地,自是要与全州上下官员聊聊,多了解情况,狄参军请坐,不必多礼。"

狄仁杰见阎立本面色和善,于是也不推辞,放心地在下位一张椅子上坐下。

阎立本接着问道:"狄参军来汴州多久了?"

狄仁杰恭敬答道:"禀大人,算来刚过一载。"

阎立本先与狄仁杰聊起汴州的民情,又问起狄仁杰在汴州所经手的具体政务,狄仁杰如数家珍地将汴州的风土人情向阎立本一一解说,又将自己的公务之事细细说与阎立本。阎立本看着对答如流的狄仁杰,更加欣赏,狄仁杰对这个自己履职并不久的地方已经了如指掌,足可见其平时对待政务的认真严谨。

阎立本微微颔首:"不错,真乃年少有为。"又顺势问道,"以狄参军之见,如今汴州之地,当以何者为要务?"

狄仁杰略一思索,答道:"依下官之见,当今之要在务农,在治吏。"

听到这个答案,阎立本再次觉得这个年轻人不简单:农为民本,近年朝廷在边疆战事频繁,虽然捷报频传,但战争的代价总归是算在了百姓头上。狄仁杰说重视农业,是为苍生立言,可见他并不是个只会读圣贤书的腐儒,他确实与老百姓接触良多,真正了解他们的需求,是个颇为爱民之人。他身为一个小小参军,却一眼看透了地方政治的症结就是吏治不清明。

阎立本对狄仁杰的表现非常满意,对这个才貌俱佳的青年印象颇好。阎立本又意味深长地说道:"你所言不虚。既然你谈到吏治,本官不妨告诉你,本次找你谈话,主要是因为收到不少举报你的信件。"

狄仁杰回道:"下官自问无愧于汴州百姓,无愧于朝廷信任。既然大人收到信件,愿受大人训诫。"

阎立本摆摆手又说:"我本就觉得这些信件可疑,已经派人多方面调查取证,查为诬告,你可安心。只是我还有一事不解,本官查到,这些举报你的信件,多出自汴州胥吏之手,且句句击中要害,分明是要置你于死地,这是为何呢?"

狄仁杰听到这里,就把自己和那些吏员的过节说了一遍。听完,阎立本语重心长地对狄仁杰说道:"本官非常佩服你的魄力,但这件事却值得你反思一二。你所做之事并非不对,既食朝廷之禄,自当忠朝廷之事,但我们身处官场,还需懂方圆之道,才能事半功倍。孔子云'观过知仁矣'。你可谓海曲之明珠,东南之遗宝,今后行事一定要学会保全自身,留得这有用之身,才能为国为民计大事,若一直吃罪于人,只怕终有一日难以自保啊。"

听完阎立本的肺腑之言,狄仁杰陷入了沉思。既然自己立志高远,若性命不存,何谈建功立业?何谈民生社稷?看来在官场之内,自己要学习的东西还有很多。

第二节　并州参军

阎立本回到长安之后，就向高宗李治上了一封奏疏，汇报这次巡察工作，他极力向皇帝推荐狄仁杰。在奏疏中，他将狄仁杰的刚正不阿、执法必严和为政能力一一写清，再次将狄仁杰比作明珠遗宝，说狄仁杰是个难能可贵的人才。他表示，如果朝廷不能重用狄仁杰，实在是可惜。唐高宗李治看了阎立本的奏疏，便令吏部下诏，调狄仁杰任并州都督府法曹参军。

从品级来讲，汴州判佐是从七品下，并州法曹参军是正七品下。而从州府地位来说，汴州虽然经济发达，地理区位优越，属于上州，但还是不能和并州相提并论。并州在唐朝拥有特殊的地位，由于唐朝开国皇帝李渊就是从并州起兵，取得天下，因此并州作为大唐的龙兴之地，具有特殊的政治意义。不仅如此，并州的军事地位极其重要，是防御北方游牧民族、守卫关中的军事要冲，具有极大的战略意义，故而大唐把并州定为大都督府，最高官长历来由亲王、皇子充任或遥领，实际军政事务则由都督府长史负责。而对在并州任职的官员，也有较高的要求。狄仁杰能被派到这里任职，也说明经过阎立本这位伯乐的推荐，此时皇帝、朝廷对他已经有了信任和认可。

接到朝廷的任命，狄仁杰抽空回了一趟父母所居住的河阳（今河南孟州东南）别业，拜别父母后踏上了前往并州赴任之路。临行前父亲的谆谆教诲和母亲的百般叮咛言犹在耳,已经踏上了新旅途的狄仁杰不禁多了几分惆怅。身处太行山巅,回头一望,正好看见一朵孤云飘在空中,再往下望,正是父母所居的河阳,这朵孤单飘浮的云不正像漂泊在外,只能远望父母居所的自己吗?狄仁杰心头一酸,对身边的随从说道:"吾亲所居,在此云下。"① 狄仁杰就这样怔怔地站在山间,仿佛看着这云,自己就一直在父母身边一样。直到那朵云慢慢飘远,狄仁杰才轻叹一口气,继续向并州前行。

并州是狄仁杰的故乡。能在家乡从政,无疑是一件非常荣耀的事,这自然是出于朝廷的恩典,想到这里,狄仁杰心下暗暗发誓,一定要好好为官,上报朝廷之恩,下答桑梓之情。

在并州法曹参军任上,狄仁杰开始充分展示自己的才能,在很短的时间内就处理完了并州府积累数年的陈年旧案。他没有辜负阎立本的期望,在并州任上,他执法严明,审案公正迅速,且无一冤案,深受家乡老百姓爱戴与尊敬,官声日隆。

狄仁杰不仅在百姓中间声誉高,在同僚中人缘更是极佳。初入仕途时的狄仁杰就如一根直长的钉子,在主持正义的道路上从不妥协弯曲。可是经历了在汴州被诬告的事件后,又经阎立本的点拨,狄仁杰大彻大悟。正直固然不能丢,但应多考虑他人的感受,多注重与同僚之间的关系,不涉及原则的事情,他不再铁板一块,而是学会了站在他人角度思考、处理问题,自己的工作也

---

① [后晋]刘昫:《旧唐书》卷八九《狄仁杰传》,中华书局,1975年版。

得以顺利开展。几年下来,上到长史、司马,下到参军、市令、丞,人人提到狄参军,都是交口称赞他品行端正、才干卓越。

狄仁杰态度的改变,不仅让自己和同事的关系更加融洽,甚至意外地救了自己一命。显庆五年(660年),李治与武则天前往并州,这是武则天成为皇后之后首次归乡,整个朝廷上下都极为重视,而接待工作自然是由并州府负责,并州府上下官员的工作瞬间多了几倍,狄仁杰也被分配了督运粮草的工作。狄仁杰此前并无此类工作的经验,结果运粮途中出了意外,几辆运粮的骡车在过山谷的时候突然受惊坠入深谷,事后经过清点,丢失了很多米粮。身为法曹参军的狄仁杰自然是知道自己的罪责,只得向长史蔺仁基领罪。

蔺仁基听完狄仁杰的汇报,知道错不在狄仁杰,事情还有回旋余地,而且狄仁杰是个难得的人才,这些年在并州的政绩有目共睹,自然要尽力保他,于是安慰道:"怀英,事情我已知晓,此事错不在你,待我上疏向上面说明原委,自然……"话没说完,蔺仁基就看见并州府其他的官员进了官厅,领头的是并州都督府司马李孝廉。

不等蔺仁基开口,李孝廉向蔺仁基施了一礼,说道:"蔺长史,狄大人之事我等皆已闻知,此事本是意外,并非狄大人之过,还望长史大人为狄大人分辩一二,若有需要我等之处,我等皆愿作证。"同来的官员也纷纷表示愿意上疏说情证明。蔺仁基听完,捻须一笑,转向了狄仁杰说道:"怀英,就凭你在并州的好人缘,我也得为你去说说情,更何况此事非你之过,你就放心吧。"

听到这里，再硬的汉子也不禁动容，狄仁杰却又不知道该说些什么，只得向众人深施一礼，把所有的感激都融入这深深的一躬之中。

蔺仁基随即向朝廷上疏说明情况，朝中负责督办此事的司列大夫魏玄同也根据自己了解到的情况向李治做了说明，为狄仁杰说了不少好话，李治和武则天此次出行本就心情极佳，因此法外开恩，并未处罚狄仁杰。

事情尘埃落定，狄仁杰在庆幸的同时，也暗暗下定决心今后一定要在自己力所能及的范围多多帮助同僚，以报此次大恩。

一日，狄仁杰完成公务后正要回家，发现与自己同为法曹参军的郑崇质似乎有什么心事。狄仁杰主动走上前去，开口问道："郑大人，我见你愁眉不展，可是有什么心事？"

郑崇质回过神，勉强笑了笑，说道："狄大人，无事无事，我不过在思索一件公务，劳狄大人挂怀。"

狄仁杰看郑崇质的表情凝重，恐怕是有什么难言之隐，于是又说道："郑兄，我平日多受你照顾，若有能效微力之处，但说无妨。"

郑崇质也不好再隐瞒。原来是上级要派人出使遥远的边疆之地，一路穷山恶水，凶险万分。不说任务能否完成，能平安活着回来就是万幸了。这种远行的差事，并州府历来都是安排几个参军轮值，这次轮到了郑崇质。

狄仁杰一皱眉，原来是这么一回事，随即他又想起一事，说："郑兄，如果我未记错，令堂大病初愈，兄可是为此而犹豫？"

郑崇质苦笑一声说："知我者狄兄，我正是愁此事。若我远去，家中老母无人照料，我心何安？可身为朝廷官员，身不由己，王命不可违啊！"

狄仁杰点点头，说道："兄台的心事我已明了，郑兄确实不适合此行，令堂大病初愈，又年事已高，若知郑兄远行必定心忧，再发新病。既然如此，此次出使就让我代你前去。"

郑崇质听完，连连摆手："使不得，使不得，山高水远的苦差事，这如何敢劳烦狄兄？"郑崇质知道狄仁杰最是孝顺，平时公务繁忙，但是只要能空出休沐时间，总要赶回去见见父母。现在让他代替自己去出使，他的内心不也同样痛苦吗？

狄仁杰见郑崇质推辞，又说："家母身体尚硬朗，无须人日夜照看，我还年轻，快去快回便是。此事郑兄休再说了，我这就去向长史大人请行。"说罢也不等郑崇质同意，就转身朝长史蔺仁基府上走去。

蔺仁基正准备吃饭，突然听到下人通报狄仁杰求见。可谁知狄仁杰一进来就提出要替郑崇质出使边疆。蔺仁基愣住了，他知道这趟差事路途艰险，而且郑家老母有病，派郑崇质出使确有不妥。但出使偏远之地并不是什么好差事，改派他人也不合情理，他正在为此事发愁，听狄仁杰主动提出要代郑崇质出使，眼前顿时一亮。

还没等蔺仁基说话，又有一人不待通报就大步走了进来，原来是郑崇质。郑崇质按规矩向蔺仁基匆匆施了一礼就开口道：

"大人，您万万不可同意狄参军代我出使之事。"

"郑参军，令堂大病初愈，正需要你照顾，你如今远行，这不是让老人家担心吗？"

"不，狄参军，你也有父母，我若让你前去，岂不是'己所不欲，施之于人'了？"

"不，长史大人，请让我代替郑参军去吧……"

"不，长史大人，您万万不可同意。"

眼见着这两个下属为了出使之事争得不可开交，蔺仁基突然又想到了另一个人——并州都督府司马李孝廉，因为性格不合，蔺仁基自到并州上任后没少跟他争执，整个并州都督府上下皆知。想到这里，蔺仁基不禁觉得十分愧疚，这两个部下如此大度，急人之所急，需人之所需，可自己却因为一点小事和同僚闹别扭，顿感惭愧，自叹不如。

蔺仁基打断了二人的争论，说道："二位说得都有道理，不过总归是狄参军先来。郑参军，就由本官来做这个决定，此次出使由狄参军前往。郑参军你且安心在家照顾太夫人，下次出使你代狄参军去就是。"既然长史大人已经决定，郑崇质也不好再说什么，而且从现实来说，母亲确实需要他照顾。于是他转向狄仁杰跪了下来，说道："狄公之恩……"

"狄公之恩，日后再报。狄公之贤，北斗以南，一人而已。"蔺仁基一把扶起郑崇质，说，"你二人且回吧，本官有要事前去办理。"

狄仁杰问："大人何事如此急切？"

蔺仁基笑道:"我呀,向司马大人请罪去!"

二人走后,蔺仁基前去拜访了"老冤家"李孝廉,经过一番真诚恳切的交流,二人之间再无嫌隙,和好如初。

狄仁杰在并州不过是一名普通的官员,却以兢兢业业的为政态度和杰出的政绩赢得了百姓的喜爱,以高尚的品格和行为赢得了同僚的信任、带动了友爱的氛围。因此,当狄仁杰在上元二年(675年)被调往长安时,并州百姓一致同意为狄仁杰修一座生祠。

在唐代,生祠并不是那么容易修的。首先要经过朝廷的批准,根据唐律规定,凡建生祠,不管官员在不在位,都需要经过相关部门层层审批,一旦发现是官员唆使百姓假造彰显功绩,不仅生祠要被拆,还要面临牢狱之灾。因此,这生祠不是谁都敢修的。其次,狄仁杰只是并州都督府的一个法曹参军,职务并不高,给这么一个人立生祠,将并州的其他长官置于何地?但是狄仁杰就是如此优秀,他的一众上司对此居然都没有提出反对,狄仁杰的生祠就这么修起来了,这足以说明狄仁杰是多么受到并州官民的一致喜爱。

这座祠堂,一直到明代仍然完好无损,并且还拥有300亩祀田,用来保障祠堂的四时享祭。因史料匮乏,已无从考证狄仁杰在并州参军任上十余年的累累政绩,但这座留存数百年的祠堂,便是最好的证明。

第三章 京官岁月

第一节 神判善决

就在狄仁杰在并州任职时，京城里又发生了不少大事。

显庆五年，唐高宗李治突然患病，经常头晕目眩，眼睛看不清东西。这种病听起来吓人，其实就是现代常见的高血压。这应该是李氏家族的遗传病，李治的祖父李渊、父亲李世民都有过这些症状。头晕眼花、目不能视是没办法处理朝政的，因此他必须找一个帮手，这个帮手要能治理朝政，要服从自己指挥，最重要的是不会对他的权力产生威胁。

这个帮手就是武则天。第一，武则天精通政务。《资治通鉴》就记载："后性明敏，涉猎文史，处事皆称旨。"[1] 也就是说，武

---

[1] ［宋］司马光：《资治通鉴》卷二〇〇，中华书局，2007年版。

则天不仅才思敏捷,学识渊博,而且对政务是颇有见解的,对于李治委托给她的事情,往往能处理得很好。第二,武则天是个女人。这在权力的游戏中属于先天缺陷,大臣、外戚专权,李家江山就可能为外姓篡夺。武则天即使专权,江山最后还是要由她的儿子、太子李弘来坐,这大唐还是姓李。

基于这两点,李治慢慢将国事委托于武则天,同时为了方便武则天参政,李治也开始慢慢树立武则天在朝中的权威。

麟德二年(665年)十月,李治封禅泰山,武则天充当亚献(古代祭祀时献酒三次,第二次献酒称"亚献")。这算是开了先例,但这也说明大臣们对此举没有大的反对意见,不论是慑于她的威势,还是敬服于她的政绩。总之,在相当长的一段时间内,武则天兢兢业业地处理朝政,李治的身体时好时坏,但总体上是越发不济,对政务的过问也就越来越少。

上元元年(674年),李治和武则天并称天皇、天后。同年十二月,武则天上建言十二事,其中有劝农薄赋、息兵、省功费力役等内容,当时大唐四处出战,军费激增,百姓负担与日俱增,这些内容无疑是对百姓有好处的。这两件事都极大地提高了武则天在百官和民众之中的威望,标志着武则天的政治地位进一步提高。此时的狄仁杰刚刚接到朝廷的命令,将要第一次进入大唐帝国的政治中心长安任职。

上元二年(675年),狄仁杰离开了工作十余年的并州,向大唐的首都长安出发,出任大理寺丞。关于狄仁杰出任大理寺丞的年龄,不同的史书中有不同的记载,《旧唐书》认为是在仪凤年间（676—679年），《唐会要》则认为是在上元二年（675年），因为《唐会要》是唐朝所修史书，可信度更高，所以此处我们采取《唐会要》的说法，此时狄仁杰四十六岁。

大理寺是大唐的最高司法审判机构，最高长官是大理寺卿，其次是大理寺少卿、大理寺正、大理寺丞等。狄仁杰所任大理寺丞的职责是"掌分判寺事，正刑之轻重"，即负责具体官司的审判工作。官阶为从六品上。相比之前的正七品下并州都督府参军，大理寺丞一职可谓是质的飞跃，这次提拔的官阶并不是重点，重点是狄仁杰从地方到了中央，以后接触到的官员都是大唐的精英，接触到的事务对狄仁杰的眼界、见识的提升都有着不可估量的作用。而且大理寺丞虽然品级不高，却有机会见到皇帝，今后将有更多机会被皇帝看到、了解甚至赏识，前途不可限量。

当时大理寺最高长官大理寺卿是张文瓘。张文瓘字稚圭，说来也巧，张文瓘不仅与狄仁杰一样是明经科出身，而且也曾担任过并州都督府参军。张文瓘的上司是大唐名将英国公李勣（避太宗讳，李世勣改称李勣），非常欣赏张文瓘，称他是唐朝的管仲、萧何，连自己也有所不及。

此后在李勣的极力推荐下，张文瓘步步升迁，龙朔元年（661年），升为参知政事，和昔日的上级李勣同为宰相。张文瓘性格严正，办事谨慎，凡是大臣上奏的疏议，他都要仔细审阅纠正，不合理的奏疏还会驳回，正因如此，他经手的奏疏往往滴水不漏，非常漂亮，李治因此非常信赖他，每次有其他宰相向李治奏事的时候，李治都要问一句是否与张大人商量过，如果没有，那就回去先与张文瓘商议，如果商量过，李治往往不再过问，而是命令直接去办。

根据《唐六典·尚书刑部》记载："凡京都大理寺、京兆、河南府、长安、万年、河南、洛阳县皆置狱。其余台、省、寺、监、卫、府皆不置狱。"被关押在大理寺的人被称作"禁囚"，又称"系囚"，也有"见系人"等称呼。唐代的禁囚一般是指已关押未判决的人员。此外，除了嫌疑人需要拘押，同一个案件的告人、证人也常需关押，待案情确定后才可释放。据《新唐书》记载，虽然大理寺汇集了全国最难、最重大的案件，但负责实际审案工作的只有六个大理寺丞（"丞六人，从六品上。掌分判寺事，正刑之轻重"），每个人的工作量都是非常大的，因此，一旦审理案件迟滞的话，监狱就会人满为患。

上元二年（675年），大理寺就遇到了这样的问题，当时大理寺的工作效率不高，陈年积案太多，监狱里关满了"禁囚"，于是李治又命张文瓘兼任大理寺卿，管理大理寺的工作。张文瓘不到十天就断了四百多件案子，不仅没有错判，连一个喊冤的人都没有。这效率不仅皇帝、百官称赞，连大理寺关押的"禁囚"都十分佩服，后来张文瓘被调走，不少人还因此痛哭流涕。

可张文瓘即便有三头六臂，面对大理寺堆积如山的案子也力不从心，所以他决心要找个帮手。他提前从吏部打听到了考课被评为优秀的官员名单，一眼就看到了狄仁杰的名字，之所以如此熟悉，不仅因为狄仁杰和自己一样，也担任过并州都督府参军，还因为他们二人同为执掌法律的官员，这些年张文瓘和狄仁杰有不少政务上的往来沟通，对狄仁杰的想法和能力非常认可，再加上之前阎立本多次向皇帝称赞狄仁杰，于是他也想借此考察狄仁杰的能力。他向上级提出了申请，一定要把狄仁杰调到大理寺来协助自己。

而对此一无所知的狄仁杰，此时正在前往长安的路上。虽然已经四十六岁，狄仁杰也见过了不少世面，但一想到在这个年纪还有机会进京任职，他的内心激动不已。激动之余更多的则是不舍，年近半百却又不得不远离家乡，他舍不得家乡，舍不得这一方父老，在他启程前往京城长安时，并州的百姓竟然送出几十里，跟在狄仁杰的马车后面。狄仁杰再三拜谢家乡父老，与他们依依惜别。

一路平安，狄仁杰到了大唐都城长安，这里的繁华、开放，让狄仁杰感到一阵眩晕。狄仁杰不敢耽搁，打听了大理寺所在，按规矩先去拜见大理寺卿张文瓘。寒暄过后，张文瓘抓着狄仁杰的手腕，说要带他去个地方。七转八绕之下，二人居然来到了大理寺狱。

一进到监狱里面，狄仁杰就感觉变了一个世界，这里潮湿、闷热，空气中弥漫着恶臭，让人几欲作呕，昏暗的灯光中，狄仁杰发现每一间牢房都关着七八个人，有的甚至横七竖八挤着十来个人，这些人都无精打采、毫无生气。

见监狱里来了官员，这些人纷纷挤向前面，紧贴着牢门的缝隙，争相哀号。

"大人，我是冤枉的啊！"

"大人,我已在此关押五年有余,案子什么时候才能判呐?"

"大人,求求您把我杀了吧,这里哪是人待的地方啊!"

这一圈走下来,看得狄仁杰心惊肉跳。张文瓘把狄仁杰带出来的路上,看着仍然没回过神的狄仁杰,说道:"怀英啊,有什么感想吗?"

狄仁杰说:"大人,这大理寺狱内……为何有如此多禁囚啊?"

张文瓘说:"这正是我把你要来的理由啊。"张文瓘边说边捋捋胡子,"大理寺近些年疑难要案甚多,在位官员虽非尸位素餐,可是能力有限,故而这些年积累的陈年旧案越来越多,圣上让我兼管大理寺,暂时也能缓解一二,可老夫也年近七十,力不从心喽。前日老夫请了半日病假,听狱丞说,几个系囚竟然斋戒为老夫祈祷,希望我赶紧回去!怀英啊,由此可知,大理寺狱中之人是多么亟待解脱啊!你想想,牢里有那么多的人,有的都关了几年了还没判。长此以往,百姓该如何议论大理寺,该如何议论朝廷?"

听到这里,狄仁杰明白了,眼前的这个担子可不轻,但是想到牢中的惨状,他不再犹豫,立刻回答张文瓘:"狄仁杰愿为大人分忧,为朝廷排忧。"

张文瓘赞许地点点头,说:"这正是我选中你的原因。我听闻你在并州时,处理案件既快又准,望你能再接再厉,还无辜者清白,惩罚有罪者。你多日车马劳顿,刚到京城,还是先把家事安顿好，几日后再开始吧。"

狄仁杰深施一礼，说："多谢大人好意，不过下官已无心思理会其他的事，这些案件早一日审理结案，我早一日安心。住宅之事可交给家人去处理，下官现在就开始审理这些案件，还请大人指教。"

在这样的情况下，狄仁杰履新的第一天就开始了紧张的工作。要说判案，狄仁杰可谓驾轻就熟，毕竟之前在并州任法曹参军十余年，熟知律法条例，也懂得其中的人情世故。但是狄仁杰面对的大理寺的情况显然并不简单。在判决时，除了要对真相进行考察，还要考虑诸多因素。因为案件可能涉及达官显贵、功臣宿将甚至皇亲国戚，面对权力，如何保持法律的权威，如何秉公执法，这是非常考验他的水平的。

于是在接下来的一年时间里，狄仁杰夜以继日地处理大理寺积压的案件，白天断案，晚上看卷宗，实在累了就趴在桌上休息一会。由于年代久远，狄仁杰断过什么案子、断案的过程，我们已经无从得知，但是这一年的时间里，狄仁杰创造了一个奇迹般的数字：断案涉及人数达一万七千八百人[1]，更神奇的是，这一万多人居然没有一个喊冤的，错判率为零。这放在什么时代都是不可思议的，这也是狄仁杰的形象可以留给后世之人无限遐想的缘由。历史上狄仁杰真实的工作能力，同样让人难以置信。

看着狄仁杰汇报上来的数字，历来严肃的张文瓘也难得地

---

[1] ［宋］王溥：《唐会要》卷八一《考上》，上海古籍出版社，2006年版。

露出了满意的微笑。恰好这一年的考课临近,大唐的考课制度分为大考、小考,小考一般是每年进行一次,考核官员当年的政绩优劣;大考则每三到四年考核一次,以一个任期为限,考核官员任期内的政绩优劣。考课成绩一般分为九等,分别是:上上、上中、上下、中上、中中、中下、下上、下中、下下,每个等级都有相应的考课标准和奖惩办法,按标准确定等级,按等级确定奖惩。但是根据《唐会要》记载,贞观时期,监察御史马周曾说:"多者不过中上,未有得上下以上考者。"意思是说参与考课的官员最多不过得到中上级,还从没有人得过上下级以上的。照理说,狄仁杰这一年的成绩非常突出,评一个上下级是没问题的,但毕竟刚在大理寺丞的职位上任职一年,按照常例,履新的官员是不能评太高的,一般得评中下级就算不错了,可如此似乎又委屈了狄仁杰,张文瓘斟酌再三,还是决定为狄仁杰破例一次,给狄仁杰定了中上级。

这一年负责考课的是尚书左仆射刘仁轨,此人也非一般人物——作为文官出身的刘仁轨,居然受高宗李治青睐,被派往朝鲜处理军务。在著名的白江口海战中,以万余人击败了日本和百济联军三四万人,焚毁日舰四百余艘,此战过后,日本不敢再犯大唐边界,致力于与大唐和睦相处。

当刘仁轨看到张文瓘递上来的考课表时,发现新任大理寺丞狄仁杰居然被评了个中上等,不禁眉头一皱,新来的人不予高评,这是朝廷历来的规矩,于是刘仁轨就把狄仁杰的中上改成了中下。

张文瓘一看刘仁轨把狄仁杰的等级改了，立刻找到刘仁轨为狄仁杰鸣不平："刘大人，这狄仁杰的等级可不能擅改。"

刘仁轨有些不悦地说："张大人，这狄仁杰不是新调来的大理寺丞吗？朝廷的规矩你也不是不清楚，哪有新官可评中上的？"

张文瓘连忙解释说："刘大人，朝廷的规矩我自然清楚，不然依此人之才，至少得评上等，这中上已经是委屈他了。"

这一下把刘仁轨的好奇心勾起来了："这狄仁杰究竟有何能耐，能让张大人如此器重？"

张文瓘说："刘大人有所不知，你可知这狄仁杰到任不及一年，审理了多少案子吗？他审理的案件涉案人数达一万七千八百人！更重要的是，居然无一人喊冤，这简直就是当世奇才！短短时间内，将我大理寺几年的积案审理得干干净净。刘大人若不信，我可带你去大理寺狱里观瞧，之前里面人满为患，刘大人必有耳闻。如今却要空空如也了！狄仁杰一人做了三五个官员也做不完的事情。你也知道，我现在身体精力都不比从前了，不时告病，得此人才，我这大理寺卿今年可不知道舒心多少哟。你说就凭这，我给他一个中上等，是不是合适呢？"

刘仁轨带兵多年，性格直爽，听了张文瓘的话，连连点头："张大人的性格我自然清楚，同朝多年，未听过张大人如此多的称赞。看来是我失察了。"说完，提笔就把狄仁杰的中下等又改成了上下等，这已经是很多官员一辈子都盼不来的荣誉。

大理寺丞虽然品级不高，但有机会面见皇帝，这对很多人来说都是一个难得的机遇，但凡事都是有利有弊，尤其是面对皇帝亲自过问并施加压力的案件，能否顶住压力，公正执法，是很考验一个人的能力和品性的。狄仁杰在担任大理寺丞期间，就遇到过这样一个案件，正因为这个案件，狄仁杰的能力、品性为更多人所知，也让他有机会进一步接近大唐的中枢。

仪凤元年（676年），武卫大将军权善才和左监门卫中郎将范怀义奉命宿卫昭陵，昭陵是李治的父皇李世民和母后长孙皇后的陵墓，因昭陵的占地面积实在太大，权善才手下的一个士兵砍柴时，不慎把属于昭陵的一棵柏树砍了。权善才将此事瞒了下来，并没想到这会有多么严重的后果。

没过多久，权善才手下禁军中有一个军士犯了法被权善才处罚，谁知道这个军士怀恨在心，利用休息的机会直接跑到长安面见皇帝，状告权善才误伐昭陵柏树一事。

李治对李世民和长孙皇后的感情是非常深的。现在得知居然有人砍了李世民陵寝内的树，这简直是大逆不道的行为，他非常震惊，难以自抑地痛哭流涕，随即暴跳如雷，表示必须对权善才等人从重处罚！李治于是下令，将权善才和范怀义即刻逮捕，送往大理寺严加惩处。这个棘手的任务就落到了大理寺头上，张文瓘在给狄仁杰考评完后就被提升为侍中，也不再兼任大理寺卿，这个烫手的山芋到了狄仁杰手中。

之所以说烫手，是因为这个案件涉及皇帝的意志和大唐的法律之间的平衡。狄仁杰经过认真调查，又提审了权善才和范怀义二人，证实了二人虽是无心之失，却也有监督不严之过。但这件事其实"可大可小"。

往大说，按照唐律，图谋毁坏皇帝祭祖的宗庙、皇帝陵墓及宫殿，属于"谋大逆"，等同谋反，属于"十恶"之一。唐朝的法律明确规定这类犯罪有三项具体罪名："谋毁宗庙、山陵及宫阙。"宗庙是皇帝供奉祖先的庙宇，山陵是皇帝先人的陵墓，宫阙是皇帝本人居住的地方，这些都是皇帝和皇权的象征，图谋破坏就是挑战皇帝的权威，就是企图颠覆政权，因此必须严惩。唐律规定：谋反及大逆者，皆斩。

所以，将权善才和范怀义判处极刑，是有法律依据的，而且是皇帝想要的结果。如果换作其他官员，这二人必死无疑，但是这件案子的处理者是狄仁杰。他认为二人并非有意毁坏皇陵，虽然也是重罪，但不至死。所以他最后给出的判决是：着即将权善才、范怀义革职，永不叙用。这个判罚跟李治的心理预期相差太大了。

于是李治特意在上朝的时候，把这事拿出来说了一遍，强烈表达自己对这个判罚的不满。看着暴怒的皇帝，整个朝堂噤若寒蝉，没有人敢说话。狄仁杰犹豫片刻，他怎不知此时捋虎须，恐怕自己都有生命危险，但毕竟此案是自己审理的，出于一个执法官员的良知，他还是站了出来。

"陛下，大理寺丞狄仁杰有事启奏。"狄仁杰语气坚定。

李治盯着殿上的狄仁杰，眼睛里似乎都要喷出火来了。狄仁杰的前上司张文瓘此时也在殿上，看着李治似乎动了真火，张文瓘唯恐狄仁杰因此受到株连，于是暗暗挥动手中的笏板向他示意,让狄仁杰不要说下去了,但狄仁杰像根本没看见一样,仍然手举笏板,低着头等待皇帝的答复。

李治自然知道这个案子就是狄仁杰判的,现在他出班一定是要为二人辩解,心头火骤起,刚准备让人把狄仁杰一起抓下去严加处置,但又突然想起阎立本曾多次举荐此人,而且他到大理寺任职一年,便破了新人不能评上等的惯例,不禁又好奇起来,想听听他要说什么,于是忍着气问道:"狄卿你有何话要说?"

狄仁杰不卑不亢地说:"臣听说,逆龙鳞,忤人主,自古以来都是一件难事,但是臣不这么认为。在夏桀、商纣时固然很难,但尧舜时期一定很容易。臣今日有幸身处陛下当朝,臣就如身居尧舜之时,自然不惧比干之诛。那即使再不好听的话,臣也是敢说的。"这就是狄仁杰的智慧,俗话说"伸手不打笑脸人",这么多年的官场生涯,狄仁杰自然懂这个道理,于是先把李治比作尧舜,打通一条"言者无罪"的路子,疏解皇帝情绪,等他心情变好了,再行劝说。果然此话一出,李治的表情缓和了很多。

狄仁杰接着又说:"汉文帝的时候有人偷了高祖庙的玉环,文帝要判灭盗窃者全族,后来张释之说今天有人盗玉环灭族,那如果明天有人去高祖的坟上盗土,又该怎么判?汉文帝听了劝告,于是改判弃市之罪,并未株连族人。国家立法,都是条目明晰的,该判什么都有说明,怎么能没犯死罪就下令赐死呢?如果法律都可以凭一时好恶施行的话,那天下百姓谁还会遵守法律呢?"狄仁杰把这个事情提高到了国家治理、法度推行的高度,李治不得不承认，狄仁杰是对的，但是自己刚刚发了这么大火，狄仁杰一劝就改主意的话，皇帝的权威何在呢？

狄仁杰看出来李治的表情起了变化，知道还差最后一步，于是又说道："陛下，权善才虽有罪过，却也曾立军功。后世如果知道您因为一棵树而杀了一位有功勋的将军，会如何议论？臣之所以坚决不敢奉诏杀权善才，并非可怜他，而是担心陛下的后世名声，怕陷您于不义之地啊。"

狄仁杰的话处处为自己着想，此时李治已经无话可说了，但却不想放弃自己的主张，于是换了一种说法："依据法律，权、范二人虽不至于死罪，但是权善才这厮误伐先帝陵上树，分明是将我置于不孝之地，绝不可容。我深恨这二人，请狄卿法外杀之。"

狄仁杰说："陛下制定法律公布天下，徒、流、死刑都有相应的法律条文规定，怎能随意改罪？如果不依法定罪，恐怕今后天下万民都会惊慌失措，法度再难申明了。陛下您假如一定要改变法律，请从今天开始吧。"听了这话，李治也明白了如果真的按自己的意志执行，那就是在破坏法律，影响恶劣。[①]

权善才、范怀义虽然革职流放岭南，但也得以保全性命，对狄仁杰的救命之恩没齿难忘。而在这次事件过后，李治对这个能干事、敢说话的狄仁杰更加欣赏了。待事情过后，冷静下来的李治特意跟狄仁杰说："卿能守法，朕有法官。"鼓励他以后继

---

① 见《唐会要》《大唐新语》《旧唐书》。

续保持这股正义,并且吩咐史官把这件事编入史册,流传万世。有一次,狄仁杰又向李治直言进谏,李治笑着跟狄仁杰说:"狄卿,你通过权善才一事,知道朕好说话,才屡屡说教于我啊。"虽是一句玩笑话,却也透露出了李治对狄仁杰的亲近和倚重。

朝堂之上,还有一个人同样目睹了这场廷争,这个人就是武则天。武则天在麟德二年(665年)就获得了与李治共同听政的资格,目睹了狄仁杰在朝堂上的风范,武则天对狄仁杰也是颇为赞赏。李治与武则天谈起狄仁杰时说,狄仁杰能为权善才匡正我,为什么不能为我匡正整个天下呢?对李治的话,武则天表示同意,于是李治准备给狄仁杰换个更重要的位置,他决定给狄仁杰升官。

第二节 弹劾佞臣

李治最终决定派狄仁杰担任侍御史。狄仁杰之前担任的大理寺丞官阶是从六品上,侍御史却是从六品下,从官阶来说,是不升反降。但是从地位来说,侍御史是个相当有实权的官职。

唐朝历来重视御史台的职位任免,侍御史尤其如此。侍御史这个职位非常人可以担当,只能由吏部尚书、御史中丞和宰相这个级别的高级官员一起商议后任免,或者是由皇帝亲自指派。侍御史的主要职责是"纠举百僚,推鞫狱讼",除此之外,侍御史要去朝堂轮流当值,随同上朝。还要和给事中、中书舍人一起核查处理百官的举报,如果碰上大案要案,还需和刑部、大理寺一同会审。总而言之,侍御史是个既管监察,又管审案,还离皇帝近的美差,可见其地位的尊贵。

侍御史虽然威风,但工作任务也非常繁重。根据《唐六典》,侍御史的具体职能有六项:一曰奏弹,二曰三司,三曰西推,四曰东推,五曰赃赎,六曰理匦。奏弹是最主要的弹劾工作,三司即协助三司,所谓三司指的是御史台、中书省和门下省,后来也指刑部、御史台和大理寺,总之是协助司法部门审理案件。西推掌推究各地方州郡吏的违法行为,东推掌纠察京城百官的违法失职。赃赎是接收罚款,理匦则是接收讼状。六个侍御史各负责不同的工作,除了以上的常规工作外,还有一人要去东都洛阳当值。

除了工作任务繁重,御史们的考核还非常严格。御史台里面有一本黄皮本,每个人需要完成的工作量都有规定,比如这个月要查多少案子,没完成是要罚钱的。有的新人不知道这个规矩,一天就被罚了一万多钱。当然御史台考虑到新人可能不敢轻易得罪人,所以把罚款的上限定为四万,后来这个数字一度减到了一万二。

有了这个机制,御史台的御史们也不得不勤勉干活,积极举报。为了鼓励御史们举报,朝廷还给了他们一项特权,叫风闻奏事,就是说御史们可以在只听到关于某个官员的流言,但没有任何真凭实据的情况下弹劾这名官员,即使举报错了,也不会受到处罚,最多是受到训诫。

在这一系列的威胁加鼓励之下，御史台的御史们每天都在长安城里四处巡视，这也让他们成了整个长安最"惹人生厌"的一群人。狄仁杰正直敢谏，侍御史这个职位倒是非常适合他。果然，在被调为侍御史的第三年，即调露元年（679年），狄仁杰就把时任司农卿的韦弘机弹劾下台，要知道这个韦弘机在当时可是颇受李治喜爱的红人。

韦弘机，名机，弘机是他的字，雍州万年（今陕西西安）人。韦弘机贞观时期入仕，曾经出使西突厥，结果赶上叛乱，道路断绝被困西域，于是在西域诸国游历三年，其间他把自己的衣服撕成布条，以此记录沿途的风土人情、地理物产等，之后集合编成了一本名为《西征记》的书。等终于回到长安后，李世民问当地的情况，韦弘机于是把这本书拿出来，呈给李世民。这一行为让李世民十分满意，对他颇为欣赏，将他提升为朝散大夫。韦弘机任檀州（今北京密云）刺史时，由于当地荒凉偏僻，没有学校，当地百姓也无钱读书，他就在当地兴建孔庙作为学校，又自任教师，招收学生读书。后来大唐攻打高丽，途经檀州的军队遇到洪水受阻，韦弘机又及时筹集粮草送往军营，大军这才没有因为断粮而战力受损。此举获得了李治的认可，把他提拔为司农少卿，同时兼管东都营田事务。后有一名宦官在洛阳宫苑中犯法，韦弘机先将这个宦官收押打了一顿板子，后才向李治汇报，李治不仅没责怪他，反而赏了他数十匹绢，让他以后有类似的事情直接处置即可，不必奏闻。

应该说韦弘机是一个非常有能力的人，入仕以来政绩斐然。

但是他的性格偏于谄媚，这也使得他常常为了迎合上级的喜好而做出有悖原则之事。

上元二年，李治在东都洛阳住了一段时间后准备返回长安，临行前他把韦弘机找来，问他说："东、西二都就是朕的东、西二宅。洛阳现在有些宫殿年久失修，我想修葺一番，可现在国库紧张，你说怎么办？"

韦弘机一听就明白了，于是跟李治说："陛下不必担心，司农寺过去雇工匠伐木都是要付钱的，这笔费用出自朝廷的丁庸钱。现在我们都用户奴砍树，砍的木材足够十年用，省下来的钱有四十万贯之多，现在拿来给您修葺宫殿，三年就能修好，还不用劳烦百姓。"李治一听，十分高兴，笑着点了点头，并表示为了方便他进行工程，让他兼管东都将作、少府二监的工作。

按照韦弘机的性格，既然接了差事，就一定要把工作做到超出领导的预期，如果只把旧宫殿修好，李治自然不会有意外之喜，那怎么能得到晋升的机会呢？于是韦弘机为了讨李治的欢心，不仅整修了旧宫殿，还新建了宿羽、高山、上阳等数座新宫殿。其中上阳宫位于洛阳宫城之外的西南角，南临洛水，三面环谷水。韦弘机还沿着洛水北岸修了一条长达一里的长廊，在涧溪曲处建了一座新宫殿，与长廊相连。上阳宫内更是雕梁画栋，极尽奢华。主要建筑有丽春殿、麟趾殿、观风殿、甘露殿、仙居殿、芬芳殿等，还有七宝阁、浴日楼、本枝院等。这一庞大的工程修完后，调露元年（679年），李治带着武则天再次驾临洛阳，李治登到上阳宫的高台之上，往下一看，洛水风光尽收眼底。武则天也非常喜欢。欣喜万分的李治当即就把韦弘机从司农少卿提拔成了司农卿。至于修这么大一片宫殿，四十万贯够不够，李治没问，韦弘机似乎也把这事忘了。

不过李治没说什么，朝廷百官可有话说。比如刘仁轨，在韦弘机修宫殿的几年时间里，他一直出征在外，回朝之后他才发现洛阳居然多出了这么大一片宫殿，又听其他人说了这事的来龙去脉，当即就表示了担忧，因为自古以来，皇室的园林宫殿、陂池台榭，都是要建在深宫重城里，不可让外人轻易看见，以免引起百姓的不满。现在韦弘机所兴建的宫殿廊馆，沿洛水而建，全部暴露在宫城之外，不论百姓或是外国使者都能看到皇宫的情况，这不是将皇帝置于险地吗？况且所有人都知道，韦弘机兴建这一片宏大的宫殿，费用绝对不止四十万贯，那么这笔钱又是从何而来呢？

韦弘机听到别人议论他，不仅不认错，还振振有词地说："现在天下有道，圣主当朝，百官各司其职，宰相做好建言献策之事即可，至于我们这些负责具体事务的臣子，只不过是奉行诏命，恪守本职而已。"言下之意就是，修宫殿是皇帝吩咐做的事，他只是按照皇帝的要求做，至于让皇帝成为尧舜一样的君主，这是宰辅的任务，与他这种官员无关。

这话简直是强词夺理。首先李治是让韦弘机翻修，可并没有让他修建新宫殿。现在韦弘机修了规模如此庞大的宫殿，实际上颇有教唆诱导皇帝奢侈享乐的嫌疑。其次，修建宫殿动用的这笔钱，此前是否向户部申报？门下省审核了没有？谁批准了这项开支?最后,修宫殿究竟开支多少?是否在当时约定的四十万贯内?有没有另外挪用其他开支?这些都是韦弘机没有解释清楚的问题。于是年过古稀却愈老愈辣的刘仁轨想要杀杀韦弘机的嚣张气焰。但是自己并非监察官员,又身居宰相高位,与一个司农卿斗气似乎有失身份,于是刘仁轨找到了侍御史狄仁杰,希望他调查此事。

狄仁杰也对韦弘机有所怀疑,刘仁轨一来,他更坚定了要查一查的决心。狄仁杰把当初韦弘机上报的相关书面文件一一核对,很快就搞清楚了其中的门道。韦弘机所动用的这笔钱,实际上是百姓上交的丁庸钱,属于唐朝租庸调税制里面的一部分,这部分经费属于国家的正税而非加耗,应该用于国家正常开支,但是韦弘机却隐瞒了这一点,而唆使皇帝建造豪华宫殿,追求个人享乐。而且根据相关的开支核对,韦弘机所说的四十万贯是绝对不够修建目前这么大一片宫殿的,这中间一定还存在挪用公款的情况。狄仁杰一鼓作气,很快又根据其他部门的开支情况,掌握了韦弘机挪用公款的证据。

但是这件事有了证据依然无法推进下去,问题的关键是韦弘机一直声称只是奉皇帝诏命行事,如果就修建宫殿一事予以追究,李治势必要袒护韦弘机,那么该用什么理由来弹劾韦弘机却又能避开李治呢?

狄仁杰突然想起韦弘机说那些树都是户奴砍的,是谁家的户奴?钱都是给谁了?给的标准是多少?狄仁杰一下就找到了思路。经过调查,狄仁杰终于发现了韦弘机的手段,他所谓的户奴实际上都是他韦氏同族亲属的私奴，韦弘机用这些奴隶伐木，但是给的工酬却是工匠的标准，这钱足足是私奴的三倍，从中扣下来的钱，一部分被韦弘机给亲属做了回扣，一部分则进了韦弘机的腰包，剩下的一部分上交司农寺说是结余，便是那四十万贯了。而且在走访中，狄仁杰听一个运送木料的民夫说，韦弘机从沁州（今山西沁源）伐来的木料，并不是全部运往了洛阳，有一部分还运到了万年。万年是韦弘机的老家，他把木料运往那里做什么？万年离长安也不远，狄仁杰亲自走访了一趟，刚到万年，就打听到韦家正在大起宅邸，经查对，这些木料果然都是沁州来的。原来韦弘机不仅放任家人偷偷把修宫殿的木料运回老家，还明目张胆地在天子脚下用公帑盖自家的房子，简直是胆大包天。

　　回到长安，狄仁杰立刻参了韦弘机一本，告韦弘机以权谋私，协助家人盗窃官物。整本奏疏上，完全没提李治修宫殿的事。李治一看狄仁杰提供的一条条完整的证据链，顿时就火了：本来以为韦弘机修宫殿是为了让自己享受，也算是忠心的表现。可没有想到韦弘机不仅假公济私，盗用官物，还让他背了大兴土木的骂名。这是李治最不能容忍的，因此他立刻在狄仁杰的奏疏上一圈：着即罢免。

　　韦弘机不可谓不精明，他巧妙地利用李治赋予的权力，为自己编织了一张保护网。可惜的是，他遇到的是狄仁杰，狄仁杰有着更加敏锐的政治眼光，他一眼就看到了韦弘机这张保护网的破绽，一纸劾书就成功地把韦弘机这个圣眷正隆的佞臣拉下了台。

　　当然，李治能这么快下决定，可能还与武则天煽风点火有关系。韦弘机是怎么得罪了武则天呢？原来韦弘机当上司农卿之后，武则天派了一名叫朱钦遂的道士来洛阳办事，可能是朱钦遂自诩上使钦差，态度傲慢了一点，又刚好犯到了韦弘机手下。恰好这个时间，李治为了限制武则天的权力，在朝堂上配合群臣演了一出假意让位的戏，敲打武则天。

这让韦弘基以为李治要削弱武则天的权力，投机心理过重的韦弘机于是把朱钦遂关起来，然后假模假样给李治上书，说这道士冒充宫里的人，仗势欺人，我怕对陛下您的英明有损，就把他抓了起来。这句话正中李治下怀，他正想要敲打武则天，李治当然很高兴，还特意派人去慰劳韦弘机。当然，这就彻底把武则天得罪了。狄仁杰这次弹劾韦弘机，无意间拉近了自己和武则天的关系。

作为侍御史的狄仁杰，其本职工作就是监察百官，就在弹劾掉韦弘机的同一年，狄仁杰又弹劾掉了李治的一个宠臣王本立。

王本立，新旧《唐书》都没有为他立传。王本立当时任尚书省左司郎中，左司郎中就是尚书左丞的副手，狄仁杰的祖父狄绪就当过尚书左丞，负责具体事务的处理，监督各司是否认真履职，安排主事、令史、书令史这些吏员的工作，是一个有实权的官职。

王本立确实比较有才，又懂得揣摩圣意，因此赢得了李治的欣赏，经常就一些政务询问他的意见。一来二去，王本立觉得自己圣眷日隆，对待同僚甚至上级都是一副趾高气扬的样子，引起了众多官员的反感。更加过分的是，王本立有一次竟然收了一个官员的好处，答应在他下次考课的时候帮忙。狄仁杰知道这事后，便开始搜集证据，直接上本弹劾王本立。

李治刚处理了韦弘机案，没隔几天，又接到了狄仁杰的弹劾。虽然王本立不过五品郎中，但这人确实颇有才学，分析起事情来头头是道，李治还真舍不得处置他。于是他向狄仁杰为其求情："狄卿啊，你的奏章我都看过了，证据确凿，狄卿办事认真负责，朕很欣慰。王郎中有负朕的信任，贪赃枉法，着实可恶。不过朕还有事需王郎中办理。依朕看，不如且让王郎中仍在旧职戴罪立功，将功补过，狄卿你看如此可好？"

皇帝已经非常给狄仁杰面子了，如果是其他人，自然就此罢了，不与皇帝作对。可狄仁杰却当即反驳道："陛下，我大唐地大物博，王本立这样的人车载斗量，陛下何必要为了这样一个罪人不顾国家法度呢？如果您一定要赦免王本立，那就请您把我流放到边境绝地，为忠贞之士作出鉴戒。"

李治被狄仁杰逼得没办法，只盼望在场大臣谁能站出来替王本立说几句话，他才好借着由头赦免王本立。无奈王本立平时太过傲慢，人缘极差，众大臣居然没一个人站出来替他说情。李治等了半天，叹了一口气："哎，狄卿，朕真是怕了你了。"随后唤出大理寺卿，盼咐将王本立交付大理寺处置。大理寺判决，王本立受贿枉法，贬为地方官。对王本立来说，在得意忘形而导致大祸之前，遭到一次挫折并不是什么坏事，反而更有利于他冷静下来反思自己。此后，经历了地方工作历练的王本立，凭借自己的能力重回中央并在垂拱四年（688年）成为宰相。从这个角度看,王本立或许应该感谢狄仁杰对他的"帮助"。

狄仁杰又一次取得了重大成果,继韦弘机之后又成功把李治的另一个宠臣王本立拉下了马,这一件事对朝臣震动很大,忠贞之臣开始扬眉吐气,奸佞之徒一时敛迹,朝廷之上充满巍然正气。狄仁杰也因明于执法,敢于弹劾权宠佞臣声名远扬,成为朝野推崇的人物。

狄仁杰在侍御史的位置上尽职尽责,整个朝廷的风气在以刘仁轨、狄仁杰为首的一批朝廷能臣的努力下,日渐向好。狄仁杰德才兼备,总能在坚持公正执法的同时又注重工作方法,完美地完成分内的工作,因此日渐得到李治和武则天的信任和重视。不久,唐高宗李治就将一个十分棘手的任务——出使岐州(今陕西凤翔),交给狄仁杰去办。

第三节 出使岐州

一般来说,以中央官员的身份出使地方,是人人称羡的美差:因为中央派来的使者,回到朝中后的一句话便能定人生死。地方官员为了自己的乌纱帽自然会百般讨好,某些私德不佳的出使官员往往还会借此机会捞点好处,既威风又有实惠。

可是李治这次派给狄仁杰的公差却是个地地道道的苦差,这件事的起因还与刘仁轨将军和吐蕃有关。

公元六到七世纪左右,吐蕃在青藏高原上已经形成了众多的部落,以游牧为业,并以部落联盟的形式组织起来,最高领袖称为赞普。但这一时期的吐蕃诸部组织松散,四分五裂。一直到吐蕃最杰出的领袖松赞干布出现,把所有的吐蕃部落统一起来,这个游牧民族才显示出了极大的实力。大唐贞观七年(633年),松赞干布迁都逻些(今西藏拉萨),正式建立了吐蕃王朝。松赞干布对吐蕃进行了多方面的改革,创造了吐蕃文,制定了法律,并且建立了中央集权的军事制度。

建国之后,松赞干布迎娶了大唐宗室文成公主,两国关系一时间进入蜜月期。此后双方时战时和,较为和平的关系一直保持到了咸亨元年(670年)。这一年,双方在大非川进行了一场大战,大唐名将薛仁贵大败,而吐蕃也元气大伤。再到仪凤二年(677年),双方再次发生冲突;五月,吐蕃攻打扶州(今四川九寨沟)临河镇;八月,刘仁轨出镇洮河军(今青海);十二月,李治下诏宣布派大军讨伐吐蕃。

刘仁轨坐镇前线,向朝廷提出了一些军需要求。让刘仁轨郁闷的是,当时的中书令李敬玄把他的要求基本上都拒绝了,有些要求即使同意,也并未落实。刘仁轨因此恨上了李敬玄,为了教训教训他,刘仁轨向皇帝提出自己年事已高,无法胜任军事工作,请求让李敬玄来代替自己。李治听从了刘仁轨的建议,不顾李敬玄的反对,执意任命李敬玄为洮河道行军大总管,前往接替刘仁轨。

任命李敬玄的同时,李治又下令招募军士,益州大都督府长史李孝逸率剑南道等地的军队奔赴洮河道。不久,唐军在此集结了十八万之众。

心怀忐忑的李敬玄到了洮河道完成了交接,随即在仪凤三年(678年)向吐蕃占据的龙支(今青海民和)发起了一场试探性进攻,由于此前吐蕃在和大唐的交锋中没少失利,所以吐蕃对大唐军队颇为忌惮,眼见大唐先发起攻击,吐蕃稍作抵抗,随即撤退。

李敬玄初战告捷欣喜异常,变得得意起来,决定一鼓作气彻底消灭吐蕃,给刘仁轨看看。李敬玄一边向朝廷报捷,一边指挥大军向青海进发。但是李敬玄没想到的是,吐蕃领军大将论钦陵颇懂兵法,之前的撤退都是他故意安排的,目的是寻找唐军的破绽。而在几次试探之后,他发现唐军作战毫无章法,又得消息说唐军内部换帅,论钦陵毫不犹豫,诱导唐军主力出击后,指挥精锐从两侧杀入战场。李敬玄这才真正看到了战场的残酷血腥,吐蕃军个个赭面犹如罗刹恶鬼,他们挥舞着马刀,把大唐的骑士们一个个砍下马来,再割下首级。李敬玄哪里见过这阵势,整个人几乎麻痹,吓得险些从马背上掉下来。他立刻拨转马头,飞也似的向后逃去,十八万大军顿时群龙无首,作鸟兽散,唐军先锋右卫大将军刘审礼阵亡,李敬玄狼狈逃回鄯州(今青海乐都)。

前线大败,李敬玄回朝受罚自不必说,后方也是大为震动。吐蕃取胜,下一步势必进入河湟谷地,再往前就是大唐的核心区域:关中地区。一旦吐蕃进入,局势将不可想象。因此,必须把吐蕃挡在关中以西,而在整个西部地区,最重要的就是岐州。

此时岐州已经乱成了一锅粥。战败前,朝廷在此加募青壮年入伍，已经民怨沸腾。兵败之后，当地官员不仅不对阵亡将士家属加以抚恤，反而加大拉丁备战力度，这样一来更加激起了民愤。许多被强征从军的青壮年纷纷当了逃兵，官府四处搜捕逃兵，严加处置。面对官府的高压政策，分散的逃兵自发聚集起来，数十人或数百人为一伙，武装反抗朝廷的军队，为了活命，他们白天潜伏于山谷之中，夜晚则四处掳掠，岐州的局势因此更加混乱，不仅要随时防备吐蕃犯境，还要防备本地的逃兵土匪，官员焦头烂额，百姓的生产生活也受到了极大影响。

面对这一局面，当地官员生怕朝廷追究责任，不敢如实汇报，只是加紧围捕逃兵，有的地方甚至逮捕良民充数，虽然也抓到一些人，却使得更多的逃兵潜藏得更深，局面更加难以收拾。

而此时最迫切的就是派一个人去岐州安定局势，此人必须有地方工作经验，通晓军务律法，更重要的是此人必须能担责任，岐州危如累卵，若派去之人一时胆怯弃城而逃，则局势必然更不可收拾。如此一来，李治和武则天都同时想到了狄仁杰。事不宜迟，李治立马召见狄仁杰，将这个任务交给了他。

对于这个其他人避之唯恐不及的差事，狄仁杰没有丝毫犹豫就接下了。领命之后，他立刻收拾行囊，踏上了前往岐州的路。

一路上，狄仁杰看到不少难民与他逆向而行，不禁好奇，狄仁杰拦住了一个四五十岁的男子，问他要去何处。男子见他官绅打扮，于是说道："相公有所不知，我乃岐州岐山人，老家实在活不下去了，又听说吐蕃要犯境，就带着家小去京兆府本家兄弟那里去躲一阵。"

狄仁杰听闻男子从岐山来,不禁多问了几句:"可是因前方战事?"

男子脸上流露出几分悲戚,说道:"相公有所不知,小人本有两子,长子今年随朝廷征讨吐蕃,不幸殒殁阵前。谁知县中前些日子又差人来,说是吐蕃不日犯境,征我小儿从军。可怜我儿年小瘦弱,仍未逃过此难。如今小人家中田地无人耕种,再待下去恐性命不保,所以索性舍了家业,去本家兄弟处谋个活路。"

听到这里,狄仁杰也不禁为这男子的遭遇难过,于是从行囊中拿出一些钱财交给男子,又问:"你唤作何名?"

"小人贱名刘四。"狄仁杰默默记下,与他辞别后,继续西行。走在路上,狄仁杰脑子也没闲着,细细想着这一趟差事该如何办理:此时岐州外有吐蕃犯境,内有逃兵土匪,情势就如即将决堤的洪水。方才又见刘四的惨状,大抵也能猜出地方呈报上来的匪情必是官逼民反造成的。想到这里,狄仁杰暗暗定下了主意,此次前去绝不能对百姓再加催逼,否则局面将更加难以收拾。

不几日,狄仁杰赶到岐州府衙,面对着迎接的刺史等人,狄仁杰直接提出,要看看狱中拘押的土匪。刺史虽然莫名其妙,但上差有命,他也只好带领狄仁杰去了监狱。

狄仁杰见到这些所谓的土匪,一个个面黄肌瘦,衣衫褴褛,有的人饿得皮包骨头,只吊着一口气。

狄仁杰看到了好几个似乎只有十来岁的娃娃,不禁心疼,眼前所见验证了狄仁杰之前的猜想,这都是纯良百姓啊,怎么都被当成土匪了？狄仁杰顿感愤怒，加大嗓门问道："谁是刘四的小儿？"

听到这句话，人群中一个孩子惊奇地抬起了头，但是什么也没说。狄仁杰又问了一遍，这孩子才举起了手，说道："大人，我就是刘四的小儿。"

狄仁杰看看孩子，说："好孩子，你受苦了，你父母去你京兆府的叔父家了，待会吃些东西，拿上盘缠找你爹娘去吧，让他们早日回来。"孩子仿佛不敢相信，一双眼睛瞪得大大的，问："大人可是要放我出去？"

"对！"狄仁杰又提高了嗓门，"我不仅要放了你，在场的诸位也都要放了。朝廷已经知道诸位并非为非作歹之人，故而派本官前来处理此事。不过放人之前，本官有几句话要说。第一，愿意回家的，朝廷发给路费和抚恤金，尔等回家之后，把这些话告诉那些还在山里当土匪的亲属乡邻，朝廷不会再强征丁壮，本年度的租庸调钱也可减免，希望他们早日回乡安居。第二，若有愿意从军的，也可留下，朝廷立刻发放军饷，若能挣个侯位，封妻荫子岂不美哉？第三，切莫再次入了匪盗，此前走投无路可以谅解，若之后再为非作歹或勾结吐蕃，朝廷定然不饶。"

一大段话说完，整个监狱都沸腾了，不少人从鬼门关前走了一遭，当场号啕大哭起来，更多的人则是欢呼雀跃，连连高呼皇帝圣明，朝廷隆恩。狄仁杰命人开放牢门，把这些人全部释放了。

这些受了恩惠的百姓回家后，又把朝廷的政策告诉了在山中躲藏的亲人，这些人看到亲朋好友居然真的被放出来了，而且还拿到一笔钱，于是纷纷放下武器，走出大山。于是很快，整个岐州的局势就安定下来。接着，狄仁杰一方面向朝廷上疏，请求免除岐州本年度的赋税，一方面又带着官员走遍了岐州的九县十三府，确保朝廷的政策能够落实到基层。几条措施执行下来，百姓们纷纷返乡，安心投入农务，这一年岐州粮食大丰收，收上来的粮食一车车运往西线防御吐蕃的军队之中，岐州从一座混乱的州府又变回了整个关中地区的西大门和防御吐蕃的后勤基地。

李治收到狄仁杰的汇报之后，十分高兴，连连称赞狄仁杰识国家大体，于是他下令关中西部诸州效仿狄仁杰的处置方法治理本州，关中西部诸州迅速安定了下来，史书载"潜窜毕首"，那些逃窜潜藏到山中之人纷纷走出大山自首投降，而吐蕃见无机可乘，也放弃了进攻。

这是狄仁杰第一次进行"救火"，出色地完成了出使岐州的任务，狄仁杰启程返回长安，而此时在长安等着他的，是一个新的职位和众多新的挑战。

第四章 达济天下

第一节　造福并州

在完成了安抚岐州的任务后，狄仁杰返回了朝廷，很快，狄仁杰的官职再次被提升，高宗李治提拔他为度支郎中。

度支郎中隶属于尚书省户部，其最高长官为户部尚书，正三品。户部尚书之下是户部侍郎、户部郎中等。户部之下设有四个部门，分别是户部司、度支司、金部司、仓部司，部门长官即各司郎中。根据《新唐书·百官志》记载，狄仁杰所任职的度支司的主要职责是"掌天下租赋、物产丰约之宜、水陆道涂之利，岁计所出而支调之"，这里是国家的最高财会主管机构，掌管朝廷财政预算开支，筹划国家的经费要怎么使用。

度支郎中和狄仁杰之前担任的侍御史一样是个美差，因为度支郎中手里掌握着国家的预算制定权，各州能得到多少预算，度支郎中能起到很大的作用。正因如此，度支郎中这个美差历来都是无数官场之人竞相谋求的岗位。这一次，李治选中的是狄仁杰，他决定把这个无数人垂涎的职位交给狄仁杰，自然有自己的考虑：首先是狄仁杰性格正直，他在汴州判佐、大理寺丞、侍御史等工作岗位上就显示了其铁面无私、公正执法的一面，担任度支郎中一定能公正合理地管理、规划国家预算开支。其次是狄仁杰明察秋毫、善于决断，他在弹劾韦弘机的过程中，便很好地体现了这两点。狄仁杰担任度支郎中，一定能有效防范各级机关官员虚报预算等问题。最后，这个职位任命也有李治对狄仁杰出使岐州，及时"救火"的奖赏鼓励之意。

狄仁杰到任没多久，就遇到了一件重要的事。此时李治和武则天正在筹划一次并州之行，目的地是并州的汾阳宫（位于今山西宁武）。汾阳宫坐落于管涔山上，是个避暑的好去处，李治决定与武则天一同前往疗养，顺便视察北部防务。既然要出巡，那就必须要有负责朝廷财务的官员同行，记录、分配开支用度。负责财政的度支郎中自然是第一人选，于是狄仁杰被李治任命为知顿使，全权负责此次出行的财务，所有的开支都必须经过狄仁杰的审批。

出行之前，狄仁杰接到了并州都督府长史李冲玄向朝廷提出的申请，因为从洛阳去汾阳宫必须经过并州，为便利皇帝通行，请求朝廷拨款新修一条御道。李冲玄提到了修路的另一条理由：原来这条路要经过妒女祠，据说里面供奉的是春秋时期晋国名臣介子推的妹妹介山氏，介山氏性格强悍善妒，如果从她的祠堂前面经过的人衣着华丽，必然雷电交加、风雨大作。所以，为了不惊扰皇帝和皇后,最好不走这条路,另开一条道路。

并州都督府是狄仁杰以前工作过的地方,并州又是他的家乡,而且这笔开支是为了便于皇帝出行,合情合理,照理应该批准。但狄仁杰在并州都督府任职的时候经常走洛阳到并州的道路,他认为现有的道路并无不合规矩之处,有些地方略加修葺即可,完全没有必要再开一条新道。

妒女祠的传说狄仁杰确实听过,但是狄仁杰并不信鬼神之说,他考虑更多的是现实因素,并州山多地少,又多经战乱,人民生活贫困,现在正赶上秋收,如果再被征去修路,虽然朝廷会支付报酬,但对于本来就多山少田的并州百姓来说,秋收的损失不是那点钱所能弥补的。

对于这种看起来"合情合理"的申请,狄仁杰却直接将其驳回。但是李冲玄此时已经召集了数万民夫前往施工,为了让李冲玄尽早把这些民工遣散回去,狄仁杰又给李治上了一道奏疏,他在奏疏中说道:"自古帝王出巡,必是风伯清尘,雨师洒道,小小一个妒女,怎么能妨害到真龙天子呢?"[1]他建议李治走已有的官道,无须开辟新路,更不用担心所谓的鬼神。李治看了狄仁杰的奏疏,觉得有道理,同为并州人的武则天也赞同狄仁杰的意见,于是李治下旨让李冲玄遣散民夫,不得耽误农事。就这样,狄仁杰制止了一件劳民伤财之事,保护了家乡人民的利益。

虽然有狄仁杰等人的精心筹划,但这次筹备已久的出行最后

---

[1] [后晋]刘昫:《旧唐书》卷八九《狄仁杰传》,中华书局,1975年版。

却没有实现，因为这时候的李治已经病重了。

李治患风眩病多年，他知道自己的身体情况，因此在武则天被封为皇后的第二年（即显庆元年，656年）就立其长子李弘为太子。李弘性格仁爱，颇有仁君之风，李治对他非常喜爱。可惜的是，李弘体弱多病，在上元二年（675年）去世了。根据《旧唐书·孝敬皇帝传》记载，李弘得的是"瘵"病，也就是结核病。李弘死后，李治万分悲痛，还破例谥其为"孝敬皇帝"。

李弘去世后，武则天次子李贤成为新的太子。李贤才华横溢，史书记载其"甫数岁，读书一览辄不忘"，读书过目不忘，堪称天才。李贤又与其他学者一同注释了《后汉书》，这一注本的质量颇高，时至今日，李贤所作注本仍然是研究《后汉书》学者的最佳参考之一。凭借才华，李贤也赢得了父亲的青睐，在李弘去世的当年就被立为太子。但由于武则天一直不太喜欢李贤，一直向李治说李贤的坏话，加上李贤自身行为不检，没多久就因为私藏盔甲被废为庶人。

李贤被废的第二天，李贤的弟弟，武则天与李治的第三子李显就被立为太子。为了提高李显的政治地位，李治又任命名将刘仁轨和宰相郝处俊为太傅和少保，辅佐李显，后来又安排了一干重臣辅佐其监国。

弘道元年（683年）十一月丙戌，李治的病症又一次发作，目不能视。虽然经过侍医秦鸣鹤的针灸治疗后有所好转，但不久再次转重。十二月丁巳夜，李治召裴炎入宫受遗诏辅政，命李显即位，遗诏中还规定："军国大事有不决者，兼取天后进止。"① 随即于贞观殿去世。

李显继位后,为了尽快建立自己的势力班子,开始大肆封赏妻族韦氏为亲信,将其岳父韦玄贞提拔为侍中,这一举动立刻引起了辅政大臣裴炎的不满,君臣二人在朝堂之上发生了争执,李显一气之下说道:"我以天下与韦玄贞何不可?"② 李显这句话当然是一句气话,不过作为皇帝说出这种话也是相当不得体的,显示了李显在政治上的幼稚。武则天很快抓住了这个把柄,嗣圣元年(684年)二月戊午,武则天废李显为庐陵王,将其幽禁宫中。

李显被废的第二天,李显年幼的弟弟李旦登基为帝,是为唐睿宗。不过这次武则天怕再横生枝节,并未让李旦掌权,让其居于别殿,宣布受先皇遗命,军国大事由自己处理,这个女人终于迎来了自己梦寐以求的机会,大唐就此进入武则天时代。

此后,武则天不顾裴炎等人的反对,追封武氏五代先祖爵位,其中武则天的祖父武华受封太尉、太原郡王,武则天的父亲武士彟受封太师、魏王。

此时的朝廷可谓是暗流涌动,武则天和群臣的矛盾越来越激烈,一场更大的冲突即将爆发,而被派到地方做官的狄仁杰反倒是幸运地躲过了这一劫。就在李治去世、李显登上皇位的时候,狄仁杰恰好离开了长安,再一次被调往地方,这次他成了执一州之政的刺史。

---

① [宋] 司马光:《资治通鉴》卷二〇三,中华书局,2007年版。
② [宋] 司马光:《资治通鉴》卷二〇三,中华书局,2007年版。

第二节 治理宁州

弘道元年（683年）十二月，狄仁杰出任宁州（今甘肃宁县）刺史。

上一次狄仁杰是以侍御史的身份出使岐州，完成朝廷交代的任务便回朝复旨，而这次则是被封为刺史，作为一州最高长官，执掌多方权力。宁州在大唐的行政区划中，属于"望"这个级别，等同上州，最高长官刺史为从三品，之前的度支郎中是从五品上，从官阶来说，狄仁杰这次连升了五阶，已经是高升了。虽然说刺史比度支郎中权轻，也远离了中央，但如果我们考虑一下这个时间段内发生的种种事情，也不见得是什么坏事。

在去宁州之前，狄仁杰已听说，宁州这个地方虽然名字中有个"宁"字，但绝对不是一个安宁的地方。宁州为关中屏障，长安的北大门，战略位置非常重要。西边的吐蕃和北边的突厥经常来此地劫掠。而宁州更严重的问题来自不同民族间的矛盾。由于地处边州，所以宁州自古以来就是多民族杂居，从汉朝开始，中央政府就往这里安置匈奴移民。隋唐以来，又实行了更加开放的民族政策，突厥、吐蕃、党项、羌等民族被安置于此，民族间的矛盾时有发生。加上地方官员处置失当，久而久之，宁州的民族问题已经积弊颇深。没有一个安定的环境，百姓也很难安心生产，因此宁州的经济非常落后。

狄仁杰接到任命，便马不停蹄，赶到了宁州。到了府衙，狄仁杰没时间跟迎接的长史、司马等下属客套，就让他们去把宁州的账册档案搬来，又去亲自走访宁州的监狱。长史等人都被这位刺史的一系列行为搞得摸不着头脑，但也不得不听从长官的命令，把州府历年的账册悉数送来。

狄仁杰仍旧保持着当年深入监狱的老习惯，因为他始终觉得只有亲自深入最阴暗的角落，才能了解到最真实的民情。果然，这次也有了重大发现。

狄仁杰刚踏进监狱，事有凑巧，刚好听到了两个人的对话。

其中一个女人说道："当家的，咱家今年蛇神祭祀的钱可咋办？六叔说了，再拖延下去，今年怕是没有种子下地了。"

隔了半晌，才听到另一个男人长叹一声："我偏不信，得罪了这姓刘的，咱家就要死绝，这钱咱们不交！"

这时又听见一个较为苍老的男人说道："我说你怎么这么倔呢？这刘司马跟长史狼狈为奸，他二人在这宁州城里一手遮天，你们胳膊哪里拗得过大腿？咱们都是普通百姓，斗不过官府的，你这又是何必呢？"

那男声似乎更加愤怒了，几乎是吼了出来："难道朝廷就没有王法吗？难道百姓就没人管了吗？"

狄仁杰一直站在墙角没有出声，此时才踱了出来，说道："尔等所说可是本州的刘司马？"

狄仁杰此时才看到说话的三人，男子乃关在牢内的囚徒，女子乃民妇打扮，看样子是来探监的，那苍老的男子则是一个年约五旬的狱卒。三人见角落里突然出来一个人，都是一惊，那狱卒见狄仁杰身着官服，又想起今天新任刺史要来上任，便明白过来，更是大惊失色，当即跪倒在地，口称死罪。其余二人见来了救星，连忙叩头求情，请求狄仁杰为他们做主。

狄仁杰吩咐三人起来，告诉他们自己正是宁州新任刺史狄仁杰，然后又向他们细细询问事情的来龙去脉。狱卒见狄仁杰询问，不敢隐瞒，一五一十地述说起来。原来宁州的司马和长史都是性情贪婪之人，二人本就是本地豪绅，与之前的多任刺史互相勾结，巧立名目收税，又多次贪墨朝廷下发的赈灾款。二人假公肥私赚得盆满钵满，可本地百姓的生活却是一日不如一日。

狄仁杰又问他们所说蛇神为何物，那民妇解释道，司马、长史二人根本不顾及百姓的死活，迫于无奈，百姓只好自发组织起来，各家凑钱凑物，互通有无，以谋生计。由于朝廷不准这种私下结社的行为，因此百姓只好以祭祀蛇神的名义凑钱。狄仁杰了解到了这一情况，当即向二人承诺，一定为百姓们找回公道，又严令狱卒不得向宁州司马、长史二人泄露分毫，狱卒自然不敢多说。

狄仁杰不动声色地返回住处，开始细细翻阅送来的那些账册档案搜集证据，如此这般忙了整整三天，才把长史和司马两人叫了过来。长史和司马对狄仁杰及其事迹早有耳闻，本来打算见面之时奉上自己精心准备的礼物，好给他留下个好印象，谁想狄仁杰行事全不按常理，一到任就视察监狱去了，这时候约见他们也不知是何用意。

二人惴惴不安地来到后堂，狄仁杰却笑眯眯地跟二人聊起了闲天:"二位大人快请坐,狄某初来乍到,到今日才与二位见面,实在惭愧。"长史和司马连称不敢。

狄仁杰一边招呼上茶,一边又说道:"本官初来此地,今后还需二位多多指教。"见二人惶恐欲起身行礼,狄仁杰摆摆手示意不用客气,接着问他们:"我听说宁州本地要祭蛇神,不知可有此事?"

长史道:"大人明见,宁州确有蛇神传说。这蛇神只要每年春耕、秋收祭拜两次,可保本州一年平安,百姓无恙。这蛇神倒也颇为灵验,本地百姓信奉的人不少,一到时节,就主动聚集起来,凑钱置办祭品。"

听了长史的话,狄仁杰点了点头,又转头向司马问道:"司马大人,你可知道这蛇神是什么?"

司马一愣,然后摇了摇头:"回大人,以下官拙见,这不过是无知小民妄信鬼神,蛇神之说只怕是子虚乌有。"

狄仁杰听了笑笑,不置可否,起身从桌案上拿过了一堆账册,正是他前几天要去的。狄仁杰把这些账册往长史和司马面前一放,又说道:"本官倒知道这蛇神是什么。"说着,狄仁杰一指自己圈出来的几个数字,"长史大人,宁州去年大旱,朝廷下拨的赈灾粮的数字可不太对啊。司马大人,我看这两年宁州收的丁庸钱和上交朝廷的数字有出入,账册上所写是因突厥入寇,需建造拒马等守城器械。大唐律令规定,州县开支必须申报户部度支司,巧得很,本官就曾任职户部,可并未收到相关申报,这又是何故啊?"

狄仁杰一番质问把两人问得呆若木鸡，冷汗直下。狄仁杰不等二人回答，语气愈发冰冷："你二人只怕还不知道，你们的下属已经将你们这些年的龌龊行径交代得一清二楚。贪墨赈灾款、巧立名目征税，肥了你二人的腰包，百姓活不下去自然要合起伙来自助自救，又恐官府怪罪，所以才以蛇神名义行事。你们逼民至此，着实可恶！"说到最后，狄仁杰已是声色俱厉。

长史、司马二人被狄仁杰吓得瘫软在地，狄仁杰直接让人把这两个贪官拉了出去关押起来，随即上书朝廷，罢免长史、司马二人。二人没想到，自己费心遮掩多年的贪污行径，竟然被狄仁杰三天就识破了。

刺史大人刚来三天就罢免了为害宁州多年的长史和司马，这使整个宁州的百姓都沸腾了。很快，一个狄仁杰智斗贪官的故事就在宁州民间传开了，这件事后来越传越神，也越传越离谱，到了今天，宁州所在的甘肃宁县还流传着狄梁公斩九龙的故事。虽然这一传说已经与真实事件相去甚远，但它也充分显示了百姓们对狄仁杰这个惩奸除恶、爱民如子的好官的爱戴和怀念。

当然，偌大一个宁州，贪污的绝不止长史和司马两个人，在这两个大贪之下必然还有无数小贪，但是此时的狄仁杰早已经告别了青年时期非黑即白的处事方式，身处官场数十年，他知道只要起到了杀鸡儆猴的效果就好，想要治理好这里，还是要团结大多数官吏。所以在处理了长史和司马后，狄仁杰又召集整个宁州府衙的官吏，宣布了新的政策：长史、司马之事到此为止，之前的事既往不咎，之后再犯绝不轻饶。这么一来，本来已经人心惶惶、人人自危的宁州官场顿时又安定了下来，大家都对这个新来的狄刺史心服口服，那些过去时常把手伸向百姓的钱袋子的官吏纷纷把手缩了回来，开始老老实实地干差事。慢慢地，这些官吏发现宁州百姓再也不躲着他们走路，反而走到哪里都有百姓跟他们问好，小商贩还要把自己摊上的水果蔬菜往他们手里塞。这个时候，他们才真正体会到为官的乐趣，而宁州的官民矛盾也逐渐消弭于无形。

解决了贪污问题和官民矛盾，狄仁杰就要开始处理民族间的纠纷了。为了了解这些矛盾的真正原因，狄仁杰用了将近半年的时间，跑遍了宁州，深入少数民族聚居的地方，了解各方的矛盾起因。经过细致的走访，狄仁杰终于找到了问题的根源：从隋唐以来，大量的少数民族进入宁州，宁州汉人觉得胡人抢了汉人的地，胡人则觉得汉人歧视他们，当地官府又不重视胡人，视之为未开化的蛮夷。久而久之，双方成见不断加深，往往一个很小的田地纠纷就能演变成争斗，历任刺史也非常头疼。

狄仁杰从这个现象中还看到了一个深层次的原因：宁州山地占了十分之七，地表沟壑纵横，土地十分破碎，能种粮的规整田地有限，而汉人多一分，胡人就要少一分。土地的产出几乎是宁州百姓全部的收入来源，当地百姓自然非常重视土地的所有权，也容易在这个问题上发生矛盾。

狄仁杰首先决定从安抚好胡汉之间的情绪开始。他带着两个随从前往宁州当地一个非常有威望的羌人部落。

羌人部落的首领听说宁州刺史竟然亲自来到此地，顿时非常警惕，但是又见狄仁杰只带着两个随从，警惕大减，问道："刺史大人此来所为何事？"

狄仁杰微微一笑，解释道："本官初来宁州，早就听闻酋长大名，因此特地前来拜望。"

首领听狄仁杰这么说，加之前段时间又听到了狄仁杰惩处贪官的事情，因此对狄仁杰的好感顿时多了几分。首领这时才放下心来，把狄仁杰让进部落，狄仁杰在此与羌族百姓欢聚一日。狄仁杰乃一州刺史，却毫无架子地与普通百姓饮酒聊天，这使得羌族百姓对朝廷官员和官府的印象大为改观。

狄仁杰随后又走访了其他少数民族的部落，有了之前羌族部落的先例，其他部落也纷纷对狄仁杰的到来表示欢迎，狄仁杰又当着少数民族部落的面，重新审判了几起之前官府未公平处理的涉及胡汉问题的案子，很快，狄刺史平等对待各族，对胡汉一视同仁的名声就传开了，他也很快赢得了当地少数民族的信任。这个时候，狄仁杰又从大局出发，劝这些部落在和汉人打交道的时候稍稍让步，这些胡人也纷纷表示愿意听从狄仁杰的安排。

之后，狄仁杰亲自走访那些与胡人部落有矛盾的汉人村落，告诉他们胡人已经让步，希望汉人这边也能让一步，使双方的矛盾尽快化解。狄仁杰的名声已经传遍了宁州，赢得了这些百姓的信任，加上胡人那边也作出了让步，所以汉人这边也同意作出退让。这样胡汉之间剑拔弩张的气氛得到了暂时的缓和。

但这并没有从根本上解决问题，因为狄仁杰知道，这里百姓之间的矛盾，还是根源于他们必须在这贫瘠的土地上谋得生存，所以只有解决宁州百姓们面临的生存问题，才能彻底化解这种矛盾。于是狄仁杰又开始了下一步动作。

狄仁杰首先解决的就是农作物的灌溉问题。宁州处于黄土高原，水土流失严重，旱涝灾害多发。虽然宁州境内有马岭河、罗水、九龙河等数条河流流经，但缺乏水利设施，未能加以利用。于是狄仁杰亲自督工，开始组织当地百姓修堤筑坝。除了官府雇用的劳力，当地的百姓们听说了此事，无论胡汉，纷纷主动前来帮助施工，经过全州的共同努力，很快就建好了一系列水利工程，这些水利工程灌溉了全州的田地，在施工的过程中，胡汉之间密切合作，多了许多交流的机会，也使得不同民族之间的关系变得融洽，这块坚冰终于开始融化。

其次，鉴于宁州耕地面积小、山地多的特点，狄仁杰开始鼓励宁州百姓种植果树，发展畜牧业。宁州当地的曹杏、金枣、黄甘桃和早胜牛都是极优良的农牧产品，还有朝廷设置的马坊，发展畜牧业可以满足朝廷的要求，来抵扣租调。

最后，考虑到宁州是大唐的边州，再往北就是突厥故地和少数民族侨置州，狄仁杰又提出发展商贸，宁州当地有不少北方民族喜欢的特产，比如龙须席，这是宁州当地一种特色的席子，用龙须草织成，龙须席从晋代就是宫廷贡品。还有五色覆鞍毡，色呈五彩，游牧民族把它垫在马鞍下，好看耐磨又防水。这些都是可以拿去交易互市的产品，做好了又是一笔收入。

很快，在狄仁杰这一系列对症下药的惠民措施下，宁州以奇迹般的速度发展起来，两年前还需要朝廷赈济、安抚的宁州，现在成了一个物阜民丰、路不拾遗的地方。当初水火不容的各民族，在解决了利益问题之后，亲如一家，真正过上了好日子。

就在当地的百姓对狄刺史的拥戴达到了一个顶点的时候，垂拱二年（686年）十二月，有一个人来到了宁州境内。

此人其貌不扬，进入宁州界内就开始四处打量，看看路边的田地，又时不时和路上的行人攀谈，似乎对宁州的一切都很好奇。来到了定安城（宁州治所，今甘肃宁县）后，他又开始走街串巷，不管是市坊的商人，还是路边坐着聊天的老人，这人都要上去攀谈一会。说来说去，话题总是绕不过宁州的刺史狄仁杰。

令他意外的是，他得到的答案全部是夸赞、感激狄仁杰的，进城卖菜的农夫夸狄大人疏浚了九龙河，龙王再也没闹过灾；商人夸狄大人组织了互市，让大家都发了财；街坊夸狄大人是青天，再难的案子到了他手里都能处理得十分公道；茗铺（唐代茶馆）伙计跟这人神神秘秘地说起了狄刺史智斩蛇神的故事，街坊老大爷还吼了两嗓子当地人编的夸狄仁杰的歌谣。这人一一听过，把这些都记在了心里。

眼看过了晌午，这人见时候不早了，于是告别了身边还在絮絮叨叨地夸狄仁杰的老婆婆，径直走向了府衙。到了府衙门口，他从背囊里取出自己的官凭，转交给门子说："请转告你家刺史狄大人，右肃政台监察御史郭翰求见。"

门子转身进去，不一会，只见一个年约六旬，身着官服的人快步走了出来，边走边拱手道："郭大人，恕未远迎啊！这几日我已派人去官驿迎你，却说不见你的踪影，谁知道你竟已经到了,真是失礼,还望恕罪啊。"

郭翰笑着回礼道:"狄大人,是下官失礼了,不瞒你说,我是特意避着你的人进入宁州的。"

狄仁杰一愣,也笑道:"郭大人里面说话。快快请进,我们到里面详谈。"说罢,与郭翰携手进了府衙。

主客就座,下人送上香茶,郭翰先开口了:"狄大人,你有所不知,下官从京城这一路走来,路过很多地方,收到不少的控告,被控告的刺史也有好几人。有些人办的那些事,莫说做,光是听来都觉得无耻,下官是大受震撼啊,回去定要参上这些蠹虫一本。"

狄仁杰点点头,脸上现出无奈的表情:"郭大人,你在京中任职多年,这地方上的种种事情自然闻所未闻,只怕你这一路走下去,还要大开眼界呐。"

郭翰说道:"正因如此,狄大人,还请恕下官无礼。下官早就耳闻你是个好官、清官。但想传闻不如亲见,因而在入宁州界的时候,便使了个小心思,未声张就到此来叨扰大人,想看看你是不是也是……现在看来全是下官以小人之心度君子之腹了,如今一看,这宁州可是五柳先生笔下的桃花源啊。"

说到这里,郭翰站起了身,端端正正地给狄仁杰施了一礼。狄仁杰连忙回礼,连说谬赞。

郭翰继续说道:"回朝之后,我一定要把你的政绩上达天听,现在朝廷里就需要你这样的为民办实事的人啊!"

狄仁杰又拱手道谢,但脸上却浮现出了无可奈何的表情,这几年的朝堂他也知道，现在不是个回朝的好时机。与其回去钩心斗角，还不如留在这里多给百姓办几件实事好事。

几日后，郭翰告辞，打算继续前往其他州完成巡察任务，结果一开驿馆的门他就被吓到了——宁州最繁华的大街居然挤得满满当当，而且还不断有人往这边涌来。围着的人见到郭翰出来，纷纷围上前来。

这个说："钦差大人，你千万别把我们狄大人带走啊，我们宁州多少年才遇上一个青天大老爷啊！"

那个说："钦差老爷，我听说你要向皇帝老爷推荐，要给我们狄大人升官是不是？"

郭翰明白了，原来钦差大人要推荐狄刺史升官的消息一晚就在宁州传开了。这下大家都坐不住了，全部跑来郭翰的住处，让他千万别把狄仁杰带走。说到激动处，这些百姓呼啦啦就跪倒了一片。

郭翰被这一幕震撼了，这是多深的鱼水之情啊？要做了多大的好事才能让这么多百姓真心实意爱戴、拥护？来这里的路上，自己没少见官民矛盾，没少听官员抱怨，官难当、刁民难管。郭翰自己也疑惑过，失望过，到底要怎么样才算好官？现在他得到了答案，狄仁杰就是答案，自己一定要让狄仁杰成为整个大唐官员的楷模。

想到这里，郭翰清了清嗓子，对在场的百姓高声说道："众位乡贤父老，你们敬爱狄刺史的心情我非常理解。说实话，这一次来宁州，本官也是大开眼界，十分震撼。狄大人居然能把一个本来萧条混乱的地方治理得如此之好。不过本官只是一介御史，只能将所见所闻如实上奏朝廷，至于选用官员，朝廷自有法度，不是本官所能决定的。若朝廷果真提拔狄大人，也请大家放心，有狄大人榜样在前，继任者必定不敢懈怠，否则狄大人与本官都不会善罢甘休的！"

郭翰走了，回朝后在朝堂上汇报了这次巡察的结果，该弹劾的弹劾，该表彰的表彰，郭翰重点提出了狄仁杰的功绩，建议将其调入朝另予重用。很快调令下来，狄仁杰回朝任冬官侍郎。

这一次，宁州的百姓决定要给他们敬爱的狄刺史、狄老爷修一座生祠，申请报上去，鉴于狄仁杰的卓越政绩，朝廷很快就予以批准。宁州百姓怀着对这位父母官的敬爱和怀念投入了施工，还是像之前修堤坝一样，不管胡人还是汉人，都自觉自发地前来帮工，大家还找来手艺高超的石匠，把狄仁杰在宁州期间的功绩一一记述刻石勒碑，名为"德政碑"。这座祠堂旧址如今仍然在宁县县城庙咀坪。

第三节　巡抚江南

就在狄仁杰在宁州的时候，远在千里之外的扬州，一场声势浩大的"反武"叛乱拉开了序幕。

光宅元年（684年）九月，眉州（今四川眉山）刺史英国公李敬业、盩厔（今陕西周至）令李敬猷、给事中唐之奇、长安主簿骆宾王、詹事司直杜求仁、鏊屋尉魏思温等人在扬州举起大旗，宣布讨伐武则天。

李敬业是大唐名将李勣之孙，曾随李勣行军打仗，也算有几分军事才能。不过李敬业不知收敛，为李勣所不喜，李勣一度担心李敬业会因胆大妄为而使得家族破灭。李勣去世后，其长子李震早逝，英国公的爵位就由长孙李敬业继承。到李旦登基，李敬业因贪污被贬。他与其他几个同样仕途失意之人包括其弟李敬猷、给事中唐之奇、长安主簿骆宾王、詹事司直杜求仁聚在一起，几个人出于对武则天专权的不满加之仕途受挫，决定举兵反抗武则天。

李敬业先是控制了扬州的兵马，随即宣布起兵反抗武则天，在李敬业的号召之下，没多久就聚集了十万大军，李敬业是将门之后，更兼胆识过人，有一定的军事才能，很快，扬州北边的楚州（今江苏淮安）就落入了李敬业之手。

而在长安，武则天马上做出了反应：光宅元年十月甲申，武则天以左玉钤卫大将军李孝逸为扬州道大总管，率李知十、马敬臣、魏元忠等，讨伐李敬业。李敬业虽然有一定的军事能力，但是其军队皆为临时拼凑的乌合之众，完全无法与朝廷的精锐大军匹敌。在魏元忠的谋划下，朝廷大军连连胜利，最后在高邮的下阿溪以火攻击败了李敬业，李敬业还想从海陵（今江苏泰州）下海，逃到朝鲜去，结果在路上被手下王那相杀了。

武则天解决了战场之上的问题，可战场之外的事却并未轻易结束。

李敬业起兵时，在很短的时间内就召集到了十万大军，其中还不乏地方官员响应。很显然，这些人并不是冲着李敬业，而是冲着李敬业高高竖起的那杆"匡扶李唐"的大旗而来。这些人对武则天废黜李显、临朝称制不满，因而在李敬业振臂一呼时，云集响应。而当李敬业失败之后，大量暗中支持，甚至参与了这场叛乱的人员又潜入山泽之中，只待时机到来就会卷土重来。而武则天此时已经有了称帝之心，那这些人自然就成了她登基路上最大隐患，叛乱所起的江南之地必须彻底清查。

虽然李敬业失败后，头颅被送到了洛阳，但当时就有人认为李敬业未死，比如唐玄宗开元年间的《纪闻》一书，就说李敬业在造反的时候就找到一个和自己长得很像的人作为替身置于军中。兵败之后，李敬业和骆宾王趁乱逃掉了，李孝逸只抓到了李敬业的替身，最后只能把这个替身杀了，说是李敬业本人已被杀死。李敬业本人与随从隐居在大孤山之中，削发为僧，法名住括，此后静心修道，一直活到了九十余岁。而根据唐代孟棨所撰的《本事诗》记载，当时为李敬业撰写《讨武曌檄》的大才子骆宾王也未死，而是隐居灵隐寺中。由此可见，关于李敬业等人兵败后未死的传闻在当时便颇为流行，对武则天来说是个巨大的隐患，因此武则天势必要对二人可能潜逃的江南地区暗中进行一番调查。

基于以上原因，武则天决定派人前往江南进行巡视调查，不过在此之前，她必须处理朝廷内部的异己势力。李敬业的叛乱暴露出了一批武则天的政敌，包括宰相裴炎。在李敬业起兵之时，裴炎曾胁迫武则天退位，武则天将裴炎下狱，由于裴炎之甥薛仲璋参与了李敬业造反，武则天就以裴炎勾结李敬业为由处死了他。随后，她又处理了一批为裴炎求情的大臣，名将程务挺也因此被杀。

到了垂拱四年（688年），基本肃清了朝堂上异己的武则天觉得时机已经成熟了，派人巡视江南、肃清异己的事情也被武则天提上了议事日程。江南刚刚经过战乱，需要的是安抚而不是镇压。这次派人去江南巡视，表面上的任务是安抚，实际上还肩负着探察李敬业和叛逆余党下落的任务，要带着怀疑一切的态度去调查。适合担当此任的人并不好找，但武则天发现京官中还真有一个符合条件的：冬官侍郎狄仁杰。

狄仁杰此时调任冬官侍郎一年有余，史料的记载中，狄仁杰在这段时间里的活动并不多。垂拱三年（687年），唐朝发生了大旱灾，山东和关内尤其严重，饿殍遍地，狄仁杰和司属卿王及善在垂拱四年（688年）二月被任命为巡抚赈给使，前往山东、河南一带赈灾。此时刚好是青黄不接的时候，狄仁杰在这一带开仓放粮，赈济灾民。忙完了这件事，狄仁杰回到京城，接到了武则天的任命。这一次狄仁杰被任命为江南道巡抚大使。

狄仁杰此次前往江南巡抚还有一个重要任务就是移风易俗，具体地说就是整顿江南地区的"淫祀"。所谓"淫祀"是指祭祀未经国家承认的对象的行为。江南地区鬼神信仰非常浓厚，加上佛教、道教的长期盛行，久而久之，江南地区就形成了独特的祭祀习俗。

江南祭祀的活动繁多，规模庞大。从现存的唐代祭祀的祭文来看，内容就包括祭百神，祭名山、大川，祭城隍等等。江南的祭祀活动往往场面很大，参加人数众多，仪式繁杂，从可见的唐人诗歌来看，就包括女巫击鼓迎神、洒酒焚香、抛撒纸钱、巫师唱诵、鬼神降临、送神离去等一系列活动，而且参加者往往倾城出动。

那么朝廷为什么要禁止"淫祀"呢？

首先，这些祭祀活动浪费了大量的人力物力。因为不管是建造大量的庙宇，还是举办祭祀活动，都需要大量人力物力，而名目繁多的祭神活动所需要的资财不菲，百姓为了参与祭祀，往往需要付出大量家财，甚至倾家荡产。《隋书·高劢传》就曾经记载过，楚州人为了祭祀伍子胥而倾家荡产的故事。大量的庙宇往往还拥有很多附属的地产用于祭祀的开支，前面提到狄仁杰在并州的祠堂，就有300亩祀田。这些寺庙的产业往往本来属于普通百姓。百姓投入到祭祀中的钱多了，朝廷能够征收的赋税就少了，这自然不是朝廷愿意看到的。

其次，"淫祀""淫祠"容易成为地方豪强剥削百姓甚至与中央对抗的堡垒。西门豹治河神的故事大家都听过，地方豪强编造出耸人听闻的鬼神故事，利用百姓的迷信心理，来控制他们，从而达到掠夺财富、控制人口，进而对抗朝廷的目的，极易成为中央集权下的离心势力。比如东汉末年的黄巾起义，就是利用了人们的迷信，最后拉起了一支横跨八州的大军，沉重打击了中央政府。有此教训，历代中央政府都十分注重限制宗教势力的影响力。

最后，由于祭祀的寺庙往往脱离世俗社会，所以很容易成为一些不法分子的躲藏之所，例如李敬业和骆宾王，如果他们未死，最好的选择就是出家为僧，躲藏到寺庙之中。狄仁杰既然抱着追查李敬业及其余党的目的出使江南，那么整顿当地的"淫祀"就是必须要做的了。

正是基于以上原因，狄仁杰到了江南以后，就开始了对庙宇祠堂的清查。狄仁杰出巡之前，武则天对他此行的目的进行了交代，但是具体如何整顿，武则天并未多说，她相信凭借狄仁杰的才智，一定能把握好这次整顿的尺度。

狄仁杰要面对的第一个问题就是如何区分江南这多如牛毛的神庙，因为江南祭祀的特点之一就是敬奉的神明特别多，根据相关史料的记载，包括了周赧王、项羽、吴王夫差、越王勾践、春申君、南越王赵陀、东汉名将马援、吴国长沙桓王孙策等大大小小一百四十位，整个江南几乎遍地都是各种庙宇祠堂。在到此之前，狄仁杰还不甚了解情况，可当官员们奉上那厚厚一叠神庙名册之后，狄仁杰才意识到问题的严重性，眉头逐渐皱了起来。

"狄大人，江南各州庙祠初步估计有近两千座，如何处置，还请大人示下。"站在身边的润州刺史说道。

听了润州刺史的话，狄仁杰陷入了沉思，该如何处置才为妥当呢？若一视同仁全部拆毁倒也方便，可一则江南庙祠不全是"淫祠"，此次出巡意在安抚民心，随意拆毁庙祠恐激起民愤，弄巧成拙；二则立庙祭祀本有宣扬教化百姓之意，全部拆毁则有伤朝廷扬善警恶之意，给朝廷招来骂名。

思索片刻，狄仁杰打开那张长长的名单，提笔在上面圈出几个名字，然后对身边的润州刺史说道："凡祭祀供奉此四人外之庙祠，一律拆毁，吩咐下去，江南各州一律照此执行。"

润州刺史低头一看，狄仁杰圈出的分别是夏禹、吴太伯、季札和伍子胥四人。狄仁杰选取这几个人是有深意的，夏禹是古代圣王，吴太伯和季札分别是吴地的祖先和吴国的贤人，伍子胥则是春秋时期吴国的大忠臣。保留他们的庙宇既尊重了江南地区的传统，又体现了朝廷对爱国忠君品德的褒扬，的确是比较合适的选择。

狄仁杰随后将自己的考虑解释给在场的各州刺史听，刺史们听后纷纷表示同意。接着就是商议拆除的具体细节，狄仁杰也乐得做个"甩手掌柜"，交由副手去与各州刺史商议。

第三日一早，狄仁杰就听随从说润州刺史求见。狄仁杰猜是拆庙工作遇上了困难，于是马上召见。

原来，润州刺史接了狄仁杰命令之后就回去安排拆除事宜。当时江宁（南京）城最大的一座庙就是项羽庙，据说极为灵验，因此香火鼎盛，在江宁城影响很大，润州刺史决定就从此下手。谁料刺史开始派人前往庙里清理杂物时却无人敢去，原来项羽庙在本地的威信实在太高，以至于当地百姓纷纷议论，项王必会降罚于拆庙者，因此不管刺史如何威逼利诱，也无人敢接这个差事，刺史无可奈何，只得来找狄仁杰讨个主意。

狄仁杰听完，捋须思忖如何破除百姓心中的恐惧，他突然灵机一动，想到了蜀汉丞相诸葛亮南征回朝遇泸水阻碍之事。诸葛亮撰祭文祭之，今天自己何不效法武侯？作一檄文痛斥项王，顺便也可警告那些潜藏江湖的李敬业余党和乱党。

想到这里,狄仁杰便吩咐身边的润州刺史先回去,刺史见狄仁杰有了主意,喜笑颜开地告辞,安心等候狄仁杰处置。

过了不久,狄仁杰便命润州刺史召集江宁城的官员百姓去项羽庙前集会。江宁城百姓都已听闻当朝名臣狄仁杰要亲自处理项羽庙,都好奇狄仁杰会怎么做,当下一传十,十传百,纷纷拥往项羽庙前围观。狄仁杰到时,项羽庙已经被围了个水泄不通。

狄仁杰走到项羽庙前,润州刺史已经按照狄仁杰的要求摆下了三牲祭品,狄仁杰走到祭台前端立,从身后走出一随从,缓缓展开一卷卷轴,朗声念道:

垂拱四年,安抚大使狄仁杰檄告西楚霸王项君将校等曰:鸿名不可以谬假,神器不可以力争。应天者膺乐推之名,背时者非见几之主。自祖龙御宇,横噬诸侯。任赵高以当轴,弃蒙恬而齿剑,沙邱作祸于前,望夷覆灭于后,七庙堕圮,万姓屠原。鸟思静于飞尘,鱼岂安于沸水?赫矣皇汉,受命元穹。膺赤帝之贞符,当四灵之钦运。俯张地纽,彰凤纪之祥;仰缉天纲,郁龙兴之兆。而君潜游泽国,啸聚水乡,矜扛鼎之雄,逞拔山之力,莫测天符所会,不知历数有归,遂奋关中之翼,竟垂垓下之翅。盖实由于人事,焉有属于天亡?虽驱百万之兵,终弃八千之子,以为殷监,岂不惜哉?固当匿魄东峰,收魂北极,岂合虚承庙食,广费牲牢?仁杰受命方隅,循革攸寄,今遣焚燎祠宇,削平台室，使蕙帏销尽，羽帐随烟，君宜速迁，勿为人患。檄到如律令。①

肚子里有些墨水的人已经听出来了，这是狄仁杰写的一篇檄文，在这篇檄文中，狄仁杰斥责项羽不知谋略，恃强黩武，最后不仅丢了天下，连自己的八千子弟兵都没保住。项羽的失败根本不是什么天要亡他，而是项羽不识天数，不知人心所归，大势所趋。项羽既然失败了，那就应该"匿魄东峰，收魂北极"，绝不该再作威作福，祸害人间。这篇檄文其实大有深意，狄仁杰表面是在斥责项羽，暗地里却有一层意味是在警告那些好乱之徒和潜藏的李敬业余党，此时海内统一，人民安居乐业，他们为了一己私利掀起叛乱是绝不会得人心的，只能像项羽一样招致失败。

狄仁杰这篇檄文作得气势不凡，有理有据，堪称雄文。刚一念完，人群中便有人啧啧称赞，表示赞同。狄仁杰将卷轴在祭台前焚毁，又转过身，大声对围观的官民说道："诸位江宁的乡贤父老，本官奉朝廷之命至此整顿祠庙。诸位请放心，项羽生前尚不敌汉高祖，死后又怎能为祸乡里？本官今日已发出檄文，若拆除庙宇，项羽鬼魂作祟，便可来找本官，此事本官一人做事一人当，绝对与他人无关！"

檄文是念给官员们听的，这席话却是让在场的百姓安心的，狄仁杰的政绩和事迹大唐之内无人不知，这一番话说出来，江宁

---

① ［明］冯梦龙：《太平广记钞》卷三《狄仁杰檄》，湖北辞书出版社，2019年版。

百姓纷纷大声叫好。狄仁杰见效果已经达到，便趁热打铁命人拆庙，这座在江宁颇有威望的项羽庙不出半天便成了一堆残垣断壁。同时，江宁项羽庙的拆除也大大鼓舞了江南其他州县，各地纷纷行动，最后的结果是江南各地共焚毁"淫祠"一千七百多所，足以扑灭那些好乱之徒的野心，也给那些希望通过组织祭祀牟利的地方豪强沉重的一击。

在完成巡抚江南的任务之后，狄仁杰回到了中央。武则天对狄仁杰的工作非常满意，没多久，狄仁杰就调任文昌右丞，迎接他的新任务。

第四节 豫州"救火"

就在这几年，朝中也发生了一些惊天的变化。武则天掌权之后，为了报复曾经欺辱过自己的武氏子弟，把同父异母的哥哥武元庆贬为龙州（今广西龙州）刺史、武元爽贬濠州（今安徽凤阳）刺史。后来为了巩固自己的权势，清除通往皇位的阻碍，武则天开始重用武氏亲属，召回了武元庆以及武元爽之子武承嗣、武三思。

垂拱四年（688年），武承嗣为了给武则天称帝造势，命人献上一块刻着"圣母临人，永昌帝业"八个大字的白石，号称祥瑞，武则天一看大喜过望，于是给这块石头起名"宝图"，后来又改为"天授圣图"。武则天决定带领文武大臣，诸州都督、刺史,宗室、外戚一同前往洛水畔迎接"宝图",各地宗室诸王都要进京朝觐。

武则天的种种行为引起了李唐王室的恐慌与不满,申州(今河南信阳)刺史东莞公李融给自己的老师高子贡写信,询问此时能不能入京,高子贡的答复简洁明了:来必死。于是诸王都在私底下联络,约定好到时候诸王一同起兵。范阳王李蔼还特地给越王李贞和其子博州(今山东聊城)刺史、琅琊郡王李冲通气,约定共起义兵,清除武逆,共扶唐室。垂拱四年八月,在博州刺史琅琊郡王李冲的领头下,掀起了一场反对武则天的叛乱。

这起叛乱事件本是由各地多位李唐王室共同策划,可是事发后,琅琊郡王李冲派人通知各地诸王起兵时,响应者却是寥寥无几。贝州(今河北清河)刺史纪王李慎不予理会。李融在属官的胁迫之下,把使者抓了起来。范阳王李蔼则说自己没有准备好,不仅拒绝了参与起兵,反而把起兵的事向武则天泄露了。结果最后响应起兵的宗室只有李冲的父亲越王李贞和金州(今陕西安康)刺史江都郡王李绪、寿州(今安徽寿县)刺史赵瓌。

值得一提的是,与不敢反抗的李氏诸王相比,寿州刺史赵瓌之妻常乐公主的表现倒是十分出众。常乐公主是李渊之女,当李贞的使者来寿州通知起兵的时候,常乐公主就对使者说道:"今李氏危若朝露,汝诸王不舍生取义,尚犹豫不发,欲何须邪!祸且至矣,大丈夫当为忠义鬼,无为徒死也。"① 这番铁骨铮铮之

---

① [宋]司马光:《资治通鉴》卷二〇四,中华书局,2007年版。

言，足以让胆怯的李氏诸王汗颜。

武则天得到消息，立刻任命亲信左金吾卫大将军丘神勣为清平道行军大总管，出兵讨伐。

领头竖起反旗的李冲，精于骑射，颇有几分军事能力，但由于准备时间不充分，李冲只匆匆募集了五千余人，且多未加以训练。得知朝廷大军即将到来的消息，他决定先平定境内不愿投降的武水县（今山东聊城西南）。武水县县令郭务悌和前来支援的莘县（今山东莘县）县令马玄素据守不出，李冲想用火攻，却没有考虑好风向，大火反而把自己的士兵烧死不少，李冲的部将董玄寂见攻击不力，也开始在李冲军中散布消极消息，说李冲跟朝廷作对，是谋逆造反。李冲于是把董玄寂杀了，本已濒临崩溃的军队立时瓦解了，军士四散而逃。等李冲反应过来，身边只剩下家仆亲信数十个人。随后，李冲在撤退至博州治所聊城（今山东聊城东北）时为乱军所杀。李冲起兵，仅仅七天，丘神勣的大军还没到，就已经覆灭了。

而李冲之父李贞在儿子失败后陷入了孤军作战的局面，垂拱四年九月，武则天派左豹韬卫大将军麴崇裕为中军大总管，夏官尚书岑长倩为后军大总管，凤阁侍郎张光辅为诸军节度，率十万大军讨伐李贞，很快就到了豫州境内。面对朝廷大军的围城，李贞意识到此时已经再无生路了，于是服药自杀。李贞和李冲的尸体都被带回神都洛阳，枭首示众。武则天为泄愤，还将李贞改姓虺氏，称为虺贞。

随后，武则天正式对大唐的宗室举起了屠刀。韩王李元嘉、鲁王李灵夔、黄国公李撰、常乐公主被逮捕入京,后被逼自杀,亲党皆诛。东莞公李融参与李贞李冲父子谋划之事,被杀于市,家产籍没;范阳郡王李蔼被酷吏陷害致死。青州刺史霍王李元轨被废徙黔州(今贵州彭水),纪王李慎被流放巴州(今四川巴中),二人均死于途中。李氏诸王终于为自己的短视和懦弱付出了代价。

此时的狄仁杰,刚刚完成巡抚江南的任务,返回洛阳转任文昌右丞(即尚书右丞)。狄仁杰如何看待诸王起兵以及武则天对诸王的杀戮,由于史料的缺乏我们已经无从得知。但可以知道的是,当时的官员,如果贸然表示抗议、反对,只会招致迫害,轻则被贬,重则丢命,甚至株连全家。

此时,武则天又有一事需要狄仁杰出马,李贞、李冲父子起兵失败后,豫州刺史空缺,要派谁前去收拾残局,进一步肃清李贞、李冲余党,是必须谨慎考虑的。

豫州的位置太重要了。根据《读史方舆纪要》记载,豫州"北望汴、洛,南通淮沔,倚荆楚之雄,走陈、许之道,山川险塞,田野平舒,战守有资,耕屯足恃"①,指出了豫州三个优点:第一,交通便利,豫州北边是神都洛阳,不管是由淮河还是汉水北上洛阳,豫州都是第一道门户。第二,内部平原地区广大,土地肥沃、农业发达,物资储备充足。第三,山川险塞,易守难攻。综合以上三点,控制了豫州,进则可以直取神都洛阳,

---

① [明]顾祖禹:《读史方舆纪要》,中华书局,2005年版。

窥伺中原,退则足以自守。能够在这个民心、军心不稳的时候,前往豫州"救火"的,或许只有狄仁杰了。

论民政,狄仁杰曾在宁州多年,有丰富的治民经验;论镇抚,狄仁杰出巡过岐州、江南,有优秀的善后能力,又有十多年司法工作经验。最重要的是,狄仁杰有一颗爱民之心,只有他才能在安抚当地百姓的同时又彻底清查李贞父子的余党。

于是,刚刚从江南回来,转任文昌右丞的狄仁杰,再一次马不停蹄地离开京城,出任豫州刺史。此时的豫州,并没有因为战争的结束而好转,因为此时张光辅等人所率领的平叛军队还没有撤走,仍然驻扎在豫州城内。张光辅以宰相身份坐镇于此,清查李贞余党。

狄仁杰出了洛阳城一路南下,先走陆路又转水路,顺汝水而下,很快就到了豫州境内,不久抵达豫州治所汝阳(今河南汝南)。狄仁杰素知豫州乃淮西要地雄州,可等进得汝阳城才发现,整座城市死气沉沉,大街上没有多少行人,即使遇到一两个,也是低头匆匆而过。

狄仁杰进了刺史府,却没见着张光辅,有个参将告诉狄仁杰,张大人正在处理军机大事,请狄刺史先休息几日,时机恰当自会接见。狄仁杰也不着急,这段时间自己正好简单调查了解一下豫州现在的情况。

一调查,狄仁杰才发现豫州已经出了大事。原来李贞起兵时,几乎胁迫了整个州府的官员,给大大小小的官员都封了官,李贞手握重兵,整个官府的人敢怒不敢言。等李贞战败自杀后,城里的官吏很快就把城门打开迎接王师。可谁知官军一进城，居然就按当初李贞封官的名单开始抓人，整个豫州城，有超过五千人因此入狱，不日将被治罪问斩。狄仁杰在刺史府点卯时才发现，自己已经成了名副其实的"光杆司令"。狄仁杰大为吃惊，叛军是肯定有的，但是如此大规模的名单，明显存在很多冤狱。根据大唐律令，被叛军胁迫者可根据情节适当减轻处罚，难道张光辅不知道吗？

狄仁杰心中更不安了，他再次派人出去打探，而这次得到的消息更让他心急如焚：官军进城后，二话不说就开始抓人，别说州里的官员，就连普通百姓都有不少被指认为叛军抓起来的。张光辅进城后也未发榜安民，反而纵容士兵们在城中烧杀掳掠，自己横征暴敛，汝阳城虽未被战争毁灭，但此时已如人间炼狱。听到消息，狄仁杰坐不住了。太后就是派他过来安抚百姓的，张光辅如此胡作非为，简直就是在逼民造反。"不行，我要去拜见张大人。"说罢，狄仁杰起身就走。

张光辅，此人少年天才，能言善辩，早早就通过明经入仕为官，在此之前历任司农少卿、文昌右丞，算是狄仁杰的前辈，此后又调任夏官侍郎（兵部侍郎），在任期间颇有作为。李贞、李冲父子起兵，张光辅被武则天提拔为宰相，作为大军节度参与平叛。叛乱平定后，麴崇裕和岑长倩两人回京复命，张光辅则留下来负责善后，在新任豫州刺史到来前暂理豫州事务。豫州刺史府本是越王府，张光辅进驻后，就先占了此处。

此时张光辅正在一堆卷宗前暗暗沉思。门外的一阵喧嚣打断了张光辅的思索，他皱了皱眉，侍卫来报，说朝廷派来的刺史狄仁杰要见他。张光辅的眉头皱得更深了，之前已经听闻狄仁杰的正直与高明，刚刚到任便来找自己，大概也猜到他所为何事，于是他命令侍卫将狄仁杰请进来。

狄仁杰进了官厅，只见张光辅坐在堂上，也不说话，眼皮也不抬。狄仁杰拱手行礼道："下官新任豫州刺史狄仁杰，见过张大人。"

张光辅这才抬起头，也不回礼，道："狄大人刚到此地，便急着来见本官，不知所为何事。本官还有军机要事要处理，若不当紧的事情，日后再谈不迟。"

这是张光辅给狄仁杰的下马威，但是人命关天，狄仁杰也没想太多："张大人，下官找您，正是为了叛军余党之事。"

张光辅一听狄仁杰说起这事，好像被针刺到一样，立马说道："什么余党之事？你乃新任刺史，管好民政即可，余党之事，本官自会处置。"

狄仁杰听到张光辅有意回避，心想果然有事，于是说道："张大人，非是下官多事，只是下官来之前，太后亲自召见，亲口叮嘱下官，一定要与张大人好好合作，肃清叛军余党，还豫州百姓一方安宁，下官也是奉命行事。"见张光辅没有打岔，狄仁杰又道，"只是我方才巡视大牢，发现大牢里关的满满都是犯人，我听狱卒说，这些都是反贼余党，下官想知道，目前清查出来的余党，已有多少人？还请大人明示，我好向朝廷回话。"

张光辅本就担心狄仁杰要插手这事，但狄仁杰把太后抬出来,张光辅不好不答,于是含糊地说不下五千。狄仁杰虽已打探到消息,但并未全信,听到张光辅这么说,他不禁倒吸了一口冷气:张光辅胆子这么大,居然株连了五千多人①。若李贞真有这么多人支持,这豫州哪是这么容易就能打下来的?

狄仁杰眼珠一转,说:"张大人果然文韬武略,叛乱平定不久,竟已查出五千余党,真是高明。不知这卷宗能否让下官过目,在下也是刑名②出身,想向大人学学这断案手段。"

张光辅此时看出来了,狄仁杰来者不善,这话里话外透着讥讽,明摆着是说他此事处理得不妥。张光辅之所以如此大肆株连,是因为这一仗实在太过轻松,朝廷出动十万大军,不到一个月就平定了叛乱,如果不多"找出"一些叛军,如何显出他的功劳?因此张光辅不仅大肆株连官员,还抓来了一些无辜百姓凑数,这些人无权无势,杀他们实在是最简单的争功方法。不过这种理由绝不能对狄仁杰说起。于是张光辅打起了官腔:"狄大人,此事朝廷已有定论,就不劳你挂怀了,你可向太后禀报,豫州叛党已经清查完毕,三日后就按照上奏朝廷的名单,将叛军余孽全部就地正法。"

听了这话,狄仁杰更不能松口了:"绝对不行!张大人,您这样做怕是要再逼出千千万万个恤贞来!"张光辅不高兴了,问道:"狄仁杰,你好大的胆子,你是在说本官清查余党还有

---

① [后晋]刘昫:《旧唐书》卷八九《狄仁杰传》,中华书局,1975年版。
② 最早是指法家的一个学派,此处代指从事法律工作的官员。

罪吗?"

狄仁杰语气变得严肃:"张大人,您率大军至此,是奉命讨伐叛贼虺贞,而不是为了祸害百姓。大军一到,城中百姓越墙出降者不计其数,谁给朝廷大军送的粮?谁给大军带的路?谁给大军开的城门?这些您都忘了吗?但是大军入城后您对兵卒未加管束,他们无恶不作,百姓们已经愤怒至极。整个豫州城已成人间炼狱。您现在又要大肆株连无辜,您这么抓下去,天下难道不会冒出更多个虺贞吗?"

张光辅也知道狄仁杰说的是实情,但这时候这口气不能松,一旦松了,所有的错都成了真的了,于是他也提高了嗓门:"狄仁杰!我提醒你,我可是大军节度,你眼中还有我这个宰相吗?本官再问你,你为这些叛党说话,到底是何居心?难道你和虺贞有什么交情吗?"

眼见张光辅开始转移话题,狄仁杰被气得双手发抖,好个张光辅,果然是利齿如剑,巧舌如簧,他激动地说:"你诬蔑我并不要紧,只是你身为朝廷官员,竟然为了自己的功劳残害百姓,我若有尚方宝剑在手,即使要死,也要先砍了你的头颅!"[①]

张光辅见狄仁杰如此激动,甚至已经下定了鱼死网破的决心。心想此事错在自己,不好再过多争辩,于是下了逐客令:"狄大人,我看你今天是累了,不如早些回去歇息,三日后与我一同监斩逆党,也好早日完成朝廷使命。来人,送客。"说罢,

---

① [后晋]刘昫:《旧唐书》卷八九《狄仁杰传》,中华书局,1975年版。

他不再搭理狄仁杰，转身就回了后院。

五千余条人命，三天后就要消逝了。好在狄仁杰也没指望能说服一意孤行的张光辅，他早已做了第二手安排，现在就只能等消息了。

三天后，午时还早，就有人来请狄仁杰去处决现场观刑。狄仁杰到了城西，这里已经布置出了法场，周围已经围着不少百姓，张光辅得意地坐在位子上，而法场角落里，已经挤着一片披枷戴锁的囚犯，这些已经知道了自己命运的人，有的面无表情，好像已经认命了，更多的人则是哭哭啼啼，大声哭诉自己是冤枉的。狄仁杰内心十分着急，他转头朝城门方向望去，能否救下这些无辜百姓，只能看天意了。

张光辅这次倒是没有摆什么架子，而是亲自迎接狄仁杰，脸上还带着隐隐的讥讽神色。就在这时，法场之外突然传来了狄仁杰期待已久的声音。

"刀下留人！太后有旨，张光辅、狄仁杰速速接旨！"

狄仁杰和张光辅同时转头，眼见着两骑穿越人群，直奔法场，一人高举杏黄圣旨，另一人，正是狄仁杰的贴身侍卫。

二人不敢怠慢，连忙走到使者跟前，跪下行礼。张光辅脸色已经变得铁青，而狄仁杰嘴角却挂上了一丝微笑——总算是赶上了。

原来狄仁杰已经预料到自己难以说服立功心切的张光辅，于是他私下收集了充分的证据，然后写了一份奏疏，他在奏疏中列举了这些证据，指出了张光辅的种种罪行。他又抓住武则天不希望失去人心的心理，指出现在是关键时刻，若激起民变，死伤事小,对时局恐有更大影响,只怕天下人会衔恨于武则天。最后又说:"臣知道这些人都是被冤枉的,但是如果公开上书,好像臣是在给反贼说情。如果微臣知道了却不说,又害怕辜负了陛下和太后的信任,臣把这份奏疏写好了又毁掉,实在是不知道该如何处置,这些人犯错都是因为被胁迫,非其本心,还望陛下怜悯其误。"①

奏疏写好,狄仁杰当即就让侍卫骑快马回京,上呈武则天,一定要在行刑之前赶回豫州。

武则天接到了狄仁杰的奏疏,仔细看完,狄仁杰的证据充分,张光辅之前的报告却是语焉不详,谁是谁非已经一目了然。张光辅作为朝廷命官,被武则天派去本就有杀鸡儆猴、威震宵小之意,若全部赦免,那么就没有了震慑作用,但张光辅居然要杀五千人,若真引起民变怎么办?眼下正是自己谋求上位的关键时刻,四海升平方能显出自己顺天应人,眼下若再出什么乱子,授人以柄,损害的则是自己的威望,这恐怕是难以挽回的。想到这里,武则天决心已下,死罪可免,但活罪难逃,武则天将这些所谓的余党全部免死,改判流徙丰州(今内蒙古五原西南),虽然也是流落异地,但相比砍头,已经是万幸。武则天派使者带了诏书,马不停蹄赶往豫州,终于赶在行刑之前阻止了这一场惨剧。

百姓获救了,但张光辅自此对狄仁杰痛恨入骨,于是就上书弹劾狄仁杰不敬官长、出言不逊。武则天顾及张光辅的颜面,将

---

① [后晋]刘昫:《旧唐书》卷八九《狄仁杰传》,中华书局,1975年版。

狄仁杰贬为复州（今湖北仙桃、天门等地）刺史。狄仁杰并未将被贬放在心上，保住了这么多人的性命，让他如释重负，或许也是时候暂离这危险的朝堂了。于是他收拾行囊，继续南下，赶往复州。

在复州期间，狄仁杰依然在尽心尽力地为民办事。为了确保农业丰收，减少旱涝影响，他动员百姓疏沟渠、通河道、加固堤防。同时大力振兴商贸，鼓励经商。很快，复州就被狄仁杰治理得井井有条，面貌焕然一新。

狄仁杰乐于亲近百姓，经常到复州当地一个名叫八卦刽的地方了解民情，与百姓探讨政事。

这一日，狄仁杰正在八卦刽与几个百姓闲聊，偶然间听到数个小童从旁跑过，边跑边唱着歌谣："苦啊苦，婆婆整媳妇。分尸丢水中，掩埋不用土。宁受千般苦，不做小媳妇。"这童谣虽然朗朗上口，词句却透着诡异，于是狄仁杰拦住其中一个小童问是从何处学的童谣，得知此童谣乃附近一个老人所唱，众小童也不知其意，只觉得唱起来朗朗上口颇为有趣，便都学了四处去唱。

狄仁杰经过询问，终于找到了教唱的老人，狄仁杰问道："老人家，我听说这童谣是您教孩子们唱的，我听曲词古怪，其中可是有什么事情？可是有什么冤屈？"老人一脸木然，只抬头望了一眼狄仁杰，悠悠说道："有冤屈又如何？如今这世道，穷苦人家又怎能斗得过那些土豪富绅呢？"

狄仁杰一听这话，知道这里面果然有事情，于是说道："老人家此言差矣，既有冤屈，您理当上官府求刺史做主。退一步讲，您心中苦楚道出一分，自然能减轻一分，不是吗？"

那老人胸中本有万般冤屈，无奈告官无门，听狄仁杰这么说，忍耐不住便把冤情一五一十地说了出来。原来歌谣中的媳妇乃复州城东门的一户人家之女，此女家有几分薄田，父母皆踏实肯干之人，一家虽清贫，倒也其乐融融。可"麻绳专挑细处断，噩运只找苦命人"，小姑娘被附近一富户看中，员外二十岁的儿子得了重病，要强娶小姑娘"冲喜"。小姑娘进门后，员外的儿子便一命呜呼。

可怜小姑娘不过十余岁，却要干无数的脏活累活，加上员外夫人凶悍异常，硬说是小姑娘克死了她的儿子，对这小姑娘不仅没有好脸色，反而动辄辱骂，私刑殴打。不出几年，小姑娘因受尽折磨去世。员外一家怕担责任，于是将小姑娘碎尸，沉入东沼水中，毁尸灭迹。之后更是倒打一耙，状告小姑娘的父母拐走自家儿媳，前任刺史贪图员外财物，责令小姑娘的父母赔偿员外损失，小姑娘的父母一气之下，也双双投河自尽了。

说罢，老丈已是两眼含泪："你听听？普天之下哪有王法？不瞒你说，我就是这孩子的外祖，我女儿、女婿如今已经命丧黄泉，我若不是老迈无力，必要找那员外拼个你死我活！"

狄仁杰听完同样是义愤填膺，随即对老人说道："老人家，此冤不可不伸，此仇不可不报，明日你便入州府告官，我听说如今刺史乃是狄仁杰，算是个清官，必能替您洗刷冤情。"

老丈问道："老朽虽愚钝，但对狄大人威名也有所耳闻，既然如此，我就是舍了这把老骨头，也要去斗上一斗！"

狄仁杰又细细教授老人如何告状，并帮他写好了状子，然后就回到了府衙。

第二天，老人果然来府衙击鼓鸣冤，狄仁杰也不忙着升堂，只是安顿好老人之后，就悄悄派手下去找了员外。员外听闻老人居然敢状告自己，又气又惧，好在此时狄仁杰派了亲信前来，话里话外都是暗示自己送礼免灾的意思。员外这才放下心来，看来这鼎鼎大名的狄仁杰也不过如此嘛。

"员外老爷，我家老爷的意思是，您有钱，我家老爷有权，这钱与权本就是兄弟，那老爷与我家大人自然也是兄弟。"

员外听到如此露骨的暗示，喜得眼睛都眯成了一条缝："对对对！我与狄大人自然是兄弟，您请放心，规矩小人都懂，礼物今晚我就派人送去。"

这手下也笑了："员外老爷果然是识时务之人。不过我家老爷还交代，此事究竟真相如何，还请老爷详细说来，明日升堂我家老爷也好帮您解决麻烦。"

员外一听确实有理，于是一五一十地将真相说了出来。

第二天，狄仁杰升堂，老人和员外夫妇都跪在堂下。狄仁杰拿过老人状纸看过，一拍惊堂木，冲员外喝道："大胆奸民，竟敢妄害人命，你还有何话说？"

员外本以为已经与狄仁杰串通好，今日必定全身而退，谁料堂上狄仁杰竟突然发难，一时口吃："大人……我……"但不知道从何说起。

"你若不说本官便替你说，只是昨日你夫妻二人已经将如何残害老人外孙女之真相说出,我的下人便是证人。昨夜你做贼心虚,又派家人向本官行贿,现此人已被本官收监,人赃俱获。昨日本官已经派人去东沼搜寻,觅得骨骸一副,骨头有斧剁痕迹,又有你家衣物残片。你还有何狡辩?"

原来狄仁杰知道此案年代久远,证据难寻,员外夫妇若死不承认,自己也无计可施。因而故意设计,诱导员外夫妇说出真相。员外夫妇中了狄仁杰之计,此时想要狡辩也无从说起,只得承认了罪行。狄仁杰据实上奏,最后员外夫妇被判了斩刑。

尘封多年的案件得以沉冤昭雪,此案也使得狄仁杰在复州的名气大增,说来也奇,此案判完之后,小姑娘沉尸的东沼竟然开始长出了莲花,不久就形成了一大片红莲胜景,后来更是成了沔阳古城八景之一,称为"东沼红莲"。狄仁杰在复州任职时间并不长,很快就被调到洛州任司马。复州的老百姓为了纪念狄仁杰,就在狄仁杰之前经常去的八卦剀西南方,修了一座八角亭,名为"狄梁公问政处"。这一遗迹,今天依然保存着。

再说在豫州被狄仁杰所救的五千余百姓,他们从豫州出发前往丰州,路上恰好要经过狄仁杰治理过的宁州。当这些人风餐露宿、长途跋涉一个月到达这里之后,有人问起他们是为何被流放。他们就说起了狄刺史的事,可让这些流放之人意外的是,宁州人一听是狄仁杰狄刺史救下的人,纷纷激动起来,握着他们的手眼含热泪,仿佛看见了亲人,更多的人则是嘴里喊着:"是狄公,是狄公救了他们!"

不到一会,这支流放队伍就被无数宁州老百姓围住了,这场面把押解的官差都吓了一跳，还以为遇上了劫囚。百姓中有个领头的老者解释了原因，大家才知道，原来宁州也是狄大人曾经治理过的地方。宁州的百姓簇拥着这些被流放的人到了大家给狄仁杰立的德政碑前，有的人就开始滔滔不绝地给他们讲起了狄仁杰当年治理宁州的故事；有的人端来酒食给众人解饥解乏；有的人抱来棉衣棉裤，叮嘱他们远去丰州天寒，当小心为好。豫州百姓说起这次死里逃生的经过，在宁州百姓听起来，好像又一次看到了那个慈祥的狄公。不管是远来的豫州人，还是本地的宁州人，这一刻，由于狄仁杰，相隔千里的两地百姓，紧紧地凝聚在了一起。

豫州人在宁州停留了三天才启程，押解的官差几次提出告辞，可宁州百姓就是不让走，一直到官差说怕要误了日期，宁州百姓这才依依不舍地将这些人送出几十里。被流放的豫州人也没有想到，狄公的恩情，居然使自己在千里之外还能受到恩惠。怀揣着这份温暖和感激，豫州人踏上了流放的道路，这一路并不孤独，因为他们知道，自己并不是被抛弃的人，那位慈祥爱民的狄刺史一定在远方保佑着他们。

第五章 改朝换代

第一节 武周革命

垂拱四年（688年）九月，狄仁杰遭张光辅陷害被贬为复州刺史。狄仁杰这个复州刺史并没有当多久，永昌元年（689年）七月，就又被调回神都洛阳，任洛州司马——他终究没有逃过一场权力更迭的风暴。

李敬业起兵造反以后，武则天的疑心病更加严重，担心因自己专权，大臣宗室皆心怀不满，官民暗地里要推翻自己，为了得到更多的消息，也为了立威，武则天开始大兴风闻言事，鼓励天下之人都来告密。

根据《资治通鉴》记载，武则天规定："有告密者，臣下不得问，皆给驿马，供五品食，使诣行在。虽农夫樵人，皆得召见，廪于客馆，所言或称旨，则不次除官，无实者不问。"意思是说凡是有人前来告密，群臣皆不能干涉，不管这人是何身份，哪怕是社会底层的农夫、樵夫，全部由官府的驿站一路送到京城，武则天亲自接见，衣食住行按五品官员的标准提供。举报内容如果让武则天满意（注意并不是属实），便会受到提拔封官，举报不实也不会追究诬告责任——赏功不罚过，还能享受高级官员的待遇进京，见到当今至高无上的皇太后，如此优渥的条件，天下之人自然趋之若鹜，于是告密的行为在全国蜂起，官员人人自危。

为了更好地接收天下之人的告密，武则天设置了一个特制的举报箱"铜匦"，铜匦分成四个部分，东部叫"延恩"，献赋颂、求仕进者投之；南部叫"招谏"，言朝政得失者投之；西部叫"伸冤"，有冤受屈者投之；北部叫"通玄"，天象异变以及告密者投之。最神奇的是，铜匦只能向里投递文件却无法取出来。武则天将其置于朝堂之上，谁想告密都可以往里面投。

效果还是明显的。比如李敬业的弟弟李敬真被判流放绣州（今广西桂平），此地在唐代时为偏僻之地，遍布毒虫、瘴气，北方人往往很难适应此地的气候环境，极易因水土不服染病死亡。李敬真害怕前往贬所，因此选择了逃亡突厥。在逃亡的过程中经过了洛阳，在洛阳得到了以前的朋友洛州司马弓嗣业和洛阳令张嗣明的资助，于是李敬真继续北上，不过到定州（今河北定县）时终于被抓。弓嗣业和张嗣明显然低估了武则天的决心和手段，李敬真被捕后很快就把这两个人协助自己的事情供出来了，弓嗣业和张嗣明被捕入狱，弓嗣业随后就在狱中自杀了。

李敬真和张嗣明入狱后，知道武则天大兴告密之风，希望以此脱死，因此开始疯狂地诬陷名人、高官，声称这些人有异图，希望借此减轻处罚，侥幸免死，这些被攀咬的人包括秋官尚书张楚金、陕州刺史郭正一、凤阁侍郎元万顷，这里面还包括了参与平定李敬业叛乱的魏元忠。而此时已经任内史的张光辅也被张嗣明牵扯了进来。张嗣明揭发了不少张光辅的不轨之举，比如"征豫州日，私论图谶、天文，阴怀两端"①，图谶、天文涉及的内容一般都与改朝换代有关，往往被视为帝王应命之物，臣子议论此事则属禁忌，被视为觊觎皇权的举动，此时正值武则天意图谋篡之时，对此事更加敏感，于是张光辅也被捕入狱。对他们的处罚结果很快出来：永昌元年（689年）八月，张光辅和李敬真、张嗣明一起被处死，而张楚金、魏元忠等人则免死流放岭南，狄仁杰也得以调回洛阳，接替弓嗣业的洛州司马之职。

上有鼓励告密罗织的皇太后，下面自然就有从事告密罗织的酷吏。武则天时代有几个著名的酷吏：索元礼、来俊臣、周兴。

武则天掀起告密风气的时候，善于察言观色的索元礼就按照武则天的"意愿"举报了几人，果然武则天很满意，封了他一个游击将军，让他就在洛阳专门负责刑讯。索元礼生性残忍，他创造出了多种折磨逼供手段，在这些残酷的手段下，他审一个人，便能株连数十人甚至百余人，遭到他迫害的官员有数千人之多，但他深得武则天宠信，多次受到赏赐。

---

① ［宋］司马光：《资治通鉴》卷二〇四，中华书局，2005年版。

来俊臣本就是一个无所事事的恶人，后因犯罪被捕，便无中生有地向官员告密，以换取减轻刑罚。负责此案的和州刺史李续在听了来俊臣的告密后认为来俊臣证据不足，明显是诬告，于是把来俊臣打了一百板子。结果李续因牵连谋反被武则天处死，来俊臣一下子看到了自己的机会，于是再次上告，称自己当年上告豫州和博州的事（即李贞、李冲父子造反事）被李续所阻，武则天于是给他封了官，后来来俊臣一直升到狄仁杰做过的侍御史，负责按察制狱。

来俊臣审案手段之残忍"不输"索元礼，而且来俊臣还养了几百个无赖地痞，每当来俊臣要诬告谁的时候，这些人就会一同诬告此人，而且几百人所描述的具体细节毫无差别，由不得武则天不信。被来俊臣灭族的有千余家之多。武则天反而因为此时需要这样的人来为自己开辟道路，对来俊臣更加宠信。来俊臣不仅一手制造了不少特大冤案，而且还非常得意地将自己逼供审讯的经验总结成书，和党羽朱南山、万国俊等人编写了臭名昭著的《罗织经》，此书教其党徒如何编造伪证、如何诬陷、如何逼供等等，简直是毫不知耻。

周兴在成为一个酷吏之前，是从一个很卑微的尚书史起家的，也就是我们前面提到的吏员。不过周兴精通法律，处理政务的能力非常强，后来升到河阳县令，李治一度准备再次给他升职，但是有人说周兴并不是走科举这条路而得官，不是清流，不宜提拔重用，于是提拔之事就此作罢。可是周兴并不知情，还每天都去朝堂等着听消息。当时的地官尚书、纳言魏玄同不忍心看周兴白白等待，就暗示他："周明府，你还是回去吧。"委婉地提醒他提拔之事已经取消了。

魏玄同本来只是好心，没想到反而惹来杀身之祸。周兴认定就是魏玄同从中作梗，坏了自己的升官之路——如果不是魏玄同做的，他为什么要提醒自己呢？于是周兴从此就恨上了魏玄同，发誓一定要报此仇。此后周兴成为武则天罗织告密的酷吏之一，历任司刑少卿、秋官侍郎。

周兴得势之后，就上书诬告魏玄同，说他发表"太后老矣，不若奉嗣君为耐久"①这样的言论，还跟裴炎关系很好。作为裴炎的朋友，自然会遭到武则天的猜忌怀疑，果然，武则天听到周兴的诬告，连辩解的机会都没给魏玄同，直接派人去魏玄同家中赐死。监刑御史房济不忍，给魏玄同出了个主意，说您不如上奏说要举报，如果太后因此召见，您就有机会辩白了。魏玄同摇了摇头说："人杀我和鬼杀我有什么区别？我怎么能做告密的人呢？"魏玄同知道，武则天早就想杀他了，所谓谋反言论只是个借口而已，既然要死，与其苟且偷生，不如保留自己最后的尊严。

在武则天推行的告密制度下，整个朝廷风声鹤唳。当时武则天设置的制狱在丽景门内，抓进去的人都要经过这道门，于是有人就说这不是丽景门，是"例竟门"，也就是照例要竟（死）之门。当时的神都洛阳，人们走在路上都不敢互相说话，只能匆匆对视一眼，犹如一千五百年前的周厉王时代。而官员们每次上

---

① ［宋］司马光：《资治通鉴》卷二〇〇，中华书局，2007年版。

朝前,都要跟家人道别,因为谁也不知道自己今天能不能平安回家。在历史上,像武则天这样为了称帝不顾一切、怀疑一切的角色还是不多见的,尤其是她置边境安宁与国家领土于不顾,先后杀了程务挺和黑齿常之两位大唐名将,导致此后突厥、契丹在北边横行肆虐、无所忌惮,无数生民因此流离失所、家破人亡。

但是在这一片杀伐之中,武则天的目的也达到了,再无人敢反对武则天的篡位之事。

垂拱四年(688年)十二月,在平定了李贞、李冲之乱,诛杀了大唐宗室,又在朝中树立足够的"威严"后,武则天筹备已久的"拜洛受图"仪式按计划举行,武则天领头,带着皇帝李旦、皇太子李成器、内外文武百官、各地少数民族代表浩浩荡荡前往已建好的拜洛坛,进行"拜洛受图"仪式。武则天让人在拜洛坛上摆满了珍禽异兽、珍宝文物,仪式之盛大、礼器之奢华,远超李世民、李治。

拜洛受图后的第二天,由薛怀义主持,耗时一年修建的明堂也终于竣工了。《旧唐书·礼仪志》记载,武则天所建明堂高294尺,东西南北各300尺。唐代一尺约为今30厘米[①],也就是说此明堂高约90米,占地超8000平方米。明堂一共分三层,内部雕梁画栋,极尽宏伟奢华,堪称中国古代建筑史上的杰作。武则天非常满意,将其命名为"万象神宫",并将负责营造的薛怀义任命为左威卫大将军,封梁国公。

---

① 罗竹风:《汉语大词典》(附录),上海古籍出版社,1986年版。

第五章 改朝换代

次年正月,武则天在明堂举行了盛大的"大享明堂"仪式,武则天身穿衮服,头戴冕旒,手执大圭,行皇帝的初献礼,皇帝李旦行亚献礼,太子李成器行终献礼。

大享仪式结束,武则天宣布大宴群臣,同时改元永昌,并开放明堂让百姓自由出入参观,同时赐参观百姓酒食。吐蕃等少数民族听闻明堂落成,也派人前来祝贺。整个神都洛阳一时倒还真有国泰民安、万国来朝的气象。而这正是武则天所希望的,她希望用这一派官民同乐的景象为自己的称帝行动造势。

载初元年(690年)七月,东魏国寺僧人法明给武则天献上《大云经》四卷,声称经书里说太后是弥勒佛下凡,应当代替李家为阎浮提主,佛教的用语里,阎浮提就是人世,那么阎浮提主自然就是皇帝了。武则天拿到这部书后大喜,组织了一批僧人给《大云经》作注疏,积极为自己造势。当年十月,武则天又下令,要两京、诸州修建大云寺,供奉一部《大云经》,同时还要请佛学高僧讲解经文。武则天以此从宗教中寻找自己称帝的合理依据。

载初元年九月丙子,侍御史傅游艺率关中百姓九百多人前往洛阳上表,恳请武则天顺天应人,早登九五,赐皇帝姓武。但是自古以来,篡夺皇位的人都需要"客套一番",进行几次推让的,武则天也可能是觉得时机还不到,终究没有同意。不过武则天随即把傅游艺提拔为给事中,一口气提了好几阶,是何用意不言而喻。

有傅游艺"珠玉"在前,百官也有样学样,没过多久,群臣百官、皇室宗亲、天下百姓、四夷酋长、僧人道士合计六万多人都按照傅游艺当初的内容上表,连皇帝李旦也迫于压力,请武则天赐姓武。群臣又向武则天汇报祥瑞,说有只凤凰从明堂飞出了洛阳宫城,飞到了洛水边上的上阳宫,然后在左台的梧桐树上停了好一会,然后往东南飞去了,总而言之就是上天又一次暗示了,皇位必须由武则天继承。

一场大戏演到这里,武则天觉得也差不多了,于是又过了一天,庚辰,武则天推辞一番后,同意了大臣们的劝进。壬午日,这一天刚好是重阳节,武则天登上则天楼,宣布大赦天下,改国号为周,改元天授,同时赐皇帝李旦武姓。乙酉,上尊号称圣神皇帝,以李旦(此时应该叫武旦了)为皇嗣,改太子李成器为皇孙。至此,六十七岁的武则天终于成为中国历史上唯一一个女皇帝。

在这一场充满虚伪的称帝闹剧中,狄仁杰又扮演了什么角色呢?李治死后,武则天称制期间,狄仁杰历任宁州刺史、冬官侍郎、文昌右丞、豫州刺史、复州刺史、洛州司马,这一时期狄仁杰大多是在外任官,即使是任京官,也往往以京官身份出巡地方,比如去河南赈灾、去江南扫除淫祠。这样的履历,使得狄仁杰并未与武则天一系列的篡位活动有什么交集。

但是到了载初元年百官劝进的时候,狄仁杰就再也逃不过去了,根据《资治通鉴》的记载,狄仁杰是参与了这次劝进的。有不少人就根据狄仁杰这一时期的表现,认为狄仁杰是"同尘合污,与世委蛇"。甚至后世还流传下这么一个故事,说狄仁杰有一个堂姨,就住在洛阳郊外,虽然跟狄仁杰住得不远,但是从来不跟狄仁杰往来,反倒是狄仁杰非常殷勤,每逢节日总要去探望请安。有一年冬天，狄仁杰又去探望堂姨，正好碰到表弟从外面打猎回来，表弟见了狄仁杰，只是神态倨傲地打个招呼就进去了，狄仁杰也不以为意，见了堂姨寒暄片刻，狄仁杰就表示，自己现在在朝为相，表弟要是仕途上需要帮忙自己可以想想办法。结果堂姨说，我就这一个儿子，不想让他效命女主。大意就是委婉地责怪狄仁杰效力女主，狄仁杰非常惭愧，唯唯称诺退了出去。这个故事出自宋代的《唐语林》，故事的真实性待考，但是确实能反映出后世有不少人是对狄仁杰效命武则天持否定态度的。

那么我们应该怎么理解狄仁杰这一时期的行为呢？毋庸置疑狄仁杰是一个正直的、深受儒家思想熏陶的人，他懂得礼义廉耻，知道感怀高宗李治的知遇之恩，对武则天的武周革命，一定是不支持的。但是我们也知道，随着生活阅历的增多，随着自己所经历的挫折增多，狄仁杰也慢慢学会了妥协，学会了如何在保护自己的前提之下办成事，在武则天大权独揽的大环境下，站出来唱反调，一点好处都没有，结局只能像裴炎一样，而这一切根本不可能阻止武则天称帝。刚刚入仕的狄仁杰或许会选择这条路，但是已经年过六旬的狄仁杰一定不会选择这条路，因为这是无谓的牺牲。

当然，这并不是为狄仁杰辩解什么，也没有必要辩解，因为不管是裴炎还是狄仁杰，他们的最终目的都是挽救大唐，只不过选择的方式不同，以裴炎为代表的一干朝臣选择的是正面、直接地反对武则天，而狄仁杰选择的是保存实力，待机而行，这两种方式没有高下之分。但历史也清晰地记载着，狄仁杰并没有无原则地屈从于武则天，相反狄仁杰经常利用武则天的特点和信任，为百姓做了很多实事。比如在豫州，面对张光辅对百姓的诬陷、屠杀，狄仁杰抓住了武则天需要笼络民心的需求，冒着杀头、得罪上司的风险给武则天上书，力保五千百姓留得性命，自己也被贬官。

这正是狄仁杰一直以来的态度：留得有用之身，做更多实事。如果所有正直之臣都告老隐退或为节身死，那么朝堂会留给谁？自然是如索元礼、来俊臣等酷吏和武三思、武承嗣等庸才，在这样一群无能、无耻之人的治理下，大唐江山会变成什么样？天下苍生会怎么样？当时做出这种选择的并不是只有狄仁杰一个，比如司刑丞徐有功、杜景俭，他们作为司法官员，更是站在了对抗酷吏的第一线，当时就有民谚流传："遇来、侯必死，遇徐、杜必生。"来、侯就是来俊臣、侯思止两个酷吏，徐、杜就是徐有功、杜景俭。他们都是为了能在那个黑暗的时代，争取一丝光明，为那些善良、无辜的人做一些力所能及的事而努力着。并不是只有站在光明之中的才是英雄，立于黑暗中的人，也许更加值得我们尊敬。

而更重要的是，武则天已经六十七岁了，那皇位最终会传给谁呢？至少在当时看来，李旦还是武则天的第一继承人。所以这么看来，皇位转了一圈还要回归到李氏一脉上来，所以更明智的做法还是做好本职的事，保持好大唐的统治基础，等武则天龙驭宾天，李旦继位，大唐还是那个大唐。

第二节 首次拜相

武则天任用酷吏,大兴告密之风,为称帝扫清障碍之后,她就要卸下面具,重新开始治理国家了,而为了表示新朝雅政,武则天还象征性地解决掉了其中一些人。

天授二年(691年),先是有人告左金吾卫大将军丘神勣和文昌右丞周兴同谋造反,武则天没给丘神勣辩解的机会,直接将他处死。周兴则被武则天交给了来俊臣。接到旨意的时候来俊臣正和周兴吃饭,来俊臣不动声色地问周兴,说现在的囚犯越来越嘴硬了,应该怎么办。周兴借着酒劲说这还不好办,你取一个大瓮烧红了,然后让囚犯站进去,还有什么不承认的。来俊臣说这个办法好,然后让人照着周兴的方法去做,等把火支好了,瓮烧红了,来俊臣这才把旨意取出来,说现在有人告您谋反,就请您试试您说的手段吧。这就是成语"请君入瓮"的来历,周兴被吓得冷汗直冒,"啪"的一声,跪在地上就认罪了。武则天感念周兴多年来劳苦功高,没判周兴死刑,而是把周兴流放岭南,但是周兴因为仇人实在太多,半路就被人杀掉了。

接着就是另一个酷吏索元礼,因为他手段实在太残忍,仇家实在太多,后来还大肆受贿,武则天为了笼络人心,找了个由头将索元礼也抓了起来,等有人来审他的时候,索元礼开始还不承认,狱吏也不多说,只把索元礼当年发明的刑具拿来,他马上就承认服罪了，并且很快就死在了自己当年折磨其他人的制狱中。

荣华富贵、权倾朝野，最后不过飘散如烟，出卖了人性、出卖了良心，最后换回来的不过是万人唾骂，不论什么时代，善良、正直、坚持原则都是一定不会错的。

清理了这些败类之后，武则天也要开始好好治国了。在治国上，武则天最重要的助手肯定是各位宰相了，但这时候，宰相就只剩下武承嗣、武攸宁了，武承嗣毫无治国才能，只知讨好武则天。武攸宁是武则天伯父的孙子，只知索贿捞钱，一无是处。天授二年六月，武则天提拔了格辅元、乐思晦和任知古三人，八月提拔了欧阳通，但是这几个人并不合武则天的心意，于是，武则天想起了狄仁杰。

九月癸巳，武则天将狄仁杰提拔为地官侍郎（即户部侍郎），与冬官侍郎裴行本同平章事，至此，六十二岁的狄仁杰终于登上了仕途一个新的顶点。

多疑的武则天虽然将狄仁杰提拔为了宰相，可仍然因为狄仁杰的旧臣身份对他有所怀疑，不时予以试探。

一次君臣二人正在谈事，武则天突然就说起了当年狄仁杰在豫州任刺史的事："狄卿，你当年在豫州保全五千余百姓之事办得很好，但是还是有人在背后诋毁你，我迫于压力不得不将你贬职，如今你想不想知道此人是谁？"

狄仁杰当年在豫州得罪的人只可能是张光辅，武则天知道狄仁杰一定知道，那么现在她再来问这件事，只可能是为了考察狄仁杰对她的态度，看他对自己有没有抱怨，狄仁杰久历宦海，自然知道武则天的这些心思，该如何回答，当然难不倒他。只见狄仁杰对武则天行了一礼，给了一个非常得体的答案："陛下如果认为臣有过错，那臣就谦虚改正；如果认为臣没错，那么就是臣的幸运，至于这个告密之人是谁，臣并不想知道。"听了狄仁杰这个回答，武则天满意地点点头，嘴上还称赞狄仁杰不愧是厚道长者。

武则天当上皇帝之后，对政事更加关心了，甚至达到了事必躬亲的境地。这种劲头也可以理解，武则天权势欲望这么强，她花费了那么多心力，踏着不计其数的生命才登上这个宝座，对权力自然十分珍惜痴迷。

但是武则天这种劲头却让狄仁杰有点看不过去了，因为他看到武则天居然给一个太学生王循之批了假条。王循之家中有事，需要回去几日，就照例上表请假。一般来说，这种小事只要国子监丞或者国子监主簿批就可以了，但王循之将假条直接递到了武则天那里，这是一种投机取巧的行为，希望借此让皇帝对自己留下印象，日后当官可能会更加顺利。武则天看到学子亲近自己，也十分高兴，不仅亲自批准了王循之的请假，还特意下了一道准予请假的敕书。

狄仁杰向来是有事直说，虽说皇帝给太学生批假好像不是什么大事，但是君为元首，臣为肱股，何况王循之是一名学生，自有职分，什么身份地位就该干什么级别的活，若太学生请假也要皇帝批准，那么整个朝廷事务如此繁多，皆由皇帝躬亲，要宰相何用，要如此众多的部门、大臣何用呢？更何况旨、敕皆不能轻易发出,乃帝王尊贵象征,太学生请假不过小事,即使皇帝亲自批准,也远远达不到发出敕令的级别。当然,还有没明说的一点,那就是武则天这种事事参与的态度,无疑会极大地掣肘大臣,长此以往的话,大臣办事就会平白无故多出很多麻烦。

将这些道理想清楚后,狄仁杰认真地跟武则天分析了这件事:"陛下,臣听说为君者,只有生杀大权置于己手,其余都交给有司处理。所以左右丞,徒刑以下是不处理的,左右相,流放以上才亲自参与,这都是因为他们的身份越来越尊贵了。像陛下您这样居于至尊无上的地位,如果事必躬亲,一定会影响到您在臣民中的尊贵形象,比如王循之请假一事,本是国子监丞、国子监主簿这样六七品的官员应当处理的事,如今您来处理,岂不在说您的地位和六七品的低级官员相同吗?这不是有损您的威严吗?而且如果这种小事也要明发敕令,那天下不知还有多少事要劳烦您发敕。如果您担心下面这样的事办不好,立个规矩以为常例,让他们照办就好了。"武则天听完,连连点头,表示下次一定按狄仁杰说的办,将这些事交给有关部门处理。

狄仁杰松了一口气,在武则天手下办事并不轻松,万事都得一百个小心,稍有不慎就要出事。但是即便狄仁杰谨慎万分,还是体验到了伴君如伴虎的滋味,他刚当上宰相没多久,就迎来人生的最大危机。

如果要说武则天时代最"高危"的职位,身处朝堂之上的宰相一定是名列榜首的。

史载天授元年(690年)正月开始,两年的时间内,地官尚书韦方质、春官尚书范履冰、纳言裴居道、检校内史宗秦客、内史邢文伟、文昌右相岑长倩、傅游艺等人或遭贬或被杀,宰相的更替极其频繁。虽然在天授二年(691年)六月,武则天又提拔了格辅元、乐思晦和任知古三人,八月提拔了欧阳通为相,但格辅元、欧阳通没多久就被卷入了武承嗣立嗣事件,十月份和岑长倩一起被杀了。同年十月,乐思晦又被杀。剩下的就只有武承嗣、武攸宁、任知古,以及刚刚提拔上来的狄仁杰、裴行本和杨执柔了。

长寿元年(692年)一月,左台中丞酷吏来俊臣等人诬告同平章事任知古、狄仁杰、裴行本,司礼卿崔宣礼,前文昌左丞卢献,御史中丞魏元忠,潞州(今山西襄垣)刺史李嗣真七人[1]谋反,于是七人被捕下狱。

来俊臣的事迹和"能力"前文都已经介绍过了,基本没人能活着从他手上逃脱。在这个七人名单中,宰相就有三位(任知古、狄仁杰、裴行本),这些人到底怎么得罪了来俊臣呢?

从资料来看,七人中得罪了酷吏的人只有魏元忠和李嗣真两人而已。

魏元忠颇晓军事,在平定李敬业叛乱中崭露头角,后来做到御史中丞。在这次事件中,魏元忠得罪的不是来俊臣,而是另一个酷吏郭霸。这个人可以说是一个彻头彻尾的无耻小人,本来是

---

[1] 《旧唐书·来俊臣传》中记载的名单、人数均与此不同,为"地官尚书狄仁杰、益州长史任令晖、冬官尚书李游道、秋官尚书袁智宏、司宾卿崔神基、文昌左丞卢献等六人,并为其罗告"。《资治通鉴》与《新唐书》关于此事记载均有任知古之名,可互为印证,故本书取《资治通鉴》记载为准。

宋州宁陵丞，被武则天的宠臣李义府举荐，由于善于谄媚，被武则天赐官监察御史。郭霸的一系列作风使得同僚对其极其反感。

郭霸当时的上司正是魏元忠，魏元忠性格刚直，所以对郭霸极为厌恶，经常在他人面前贬斥郭霸，也就得罪了这个小人。此次诬告，魏元忠被裹挟在内，正是这个原因。

李嗣真被卷入的原因则是直接得罪了来俊臣。李嗣真是著名的书法家、文学家。他性格刚直，对来俊臣等人构陷迫害大臣的事情十分不满，于是给武则天上书："昔陈平事汉祖，谋疏楚君臣，行反间，项羽遂亡。今殆有如平者谋陛下君臣，恐为社稷祸。"大意是提醒武则天要小心小人离间君臣关系。武则天开告密之风有自己的目的，因此不仅没搭理李嗣真，反而把他贬到了潞州当刺史。不过这道上书可算得罪了来俊臣，于是这次的诬告，来俊臣把李嗣真当作首要目标。

至于狄仁杰、卢献、崔宣礼，史料并无三人得罪酷吏的记载，裴行本更是两《唐书》中都没有立传，但是如果结合当时的宰相构成来看，六个宰相，三个都进入了来俊臣这次的名单，我们可以从当时的情况分析，这可能是一场更大的阴谋。

一年前，也就是天授二年（691年）发生了一件事：凤阁舍人张嘉福指使一个叫王庆之的人率百人上表，请求立武承嗣为太子。当时还是宰相的岑长倩明确表示武旦（即李旦）就是皇嗣，不能随意更改，建议武则天把这个刁民乱棍打出去。武则天又去问另一个宰相格辅元的意见，格辅元也不同意，岑、格二人也因为这件事得罪了武承嗣，后来武承嗣先把岑长倩贬到西边去对付吐蕃，又勾结来俊臣诬陷岑长倩、格辅元、欧阳通等人谋反，将三人全部除掉了。

王庆之请愿这件事，很可能就是武承嗣指使的，目的就是想明确将来的继承权，但是这次计划被岑长倩、格辅元、欧阳通等人干涉，武承嗣没有达到目的，因此怀恨在心，勾结来俊臣将三人害死。如果结合王庆之这件事，我们就会发现，这次针对狄仁杰等人的诬告又是武承嗣的计划：武承嗣似乎认为只有把这些反对自己的宰相们都清除干净，自己夺取皇嗣之位才有更大机会。狄仁杰等人被针对，并不是因为得罪了来俊臣或者武承嗣，而是他们处于宰相的位置，会成为武承嗣争夺皇嗣之位的阻碍，这也是当时宰相更换如此频繁的根本原因。

酷吏来俊臣磨刀霍霍，刚刚登上宰相之位没多久的狄仁杰又将面对一场怎样的生死危机呢？

第三节 生死危机

在审讯这桩"谋反"大案之前，来俊臣特意向武则天请旨，第一次被讯问，就承认谋反的可以免死。来俊臣这么做当然不是好心，无非就是减小审讯阻力，更快地完成这次任务，到时候上交的文书卷宗让旁人看起来更加真实。所以这七人下狱之后，来俊臣就以此为诱饵，让他们速速招供。

这话对普通人可能有效，对魏元忠并不好使，他当时虽然是御史中丞，但是当年参与过平定李敬业的叛乱，也见惯了尸山血海。当魏元忠面对来讯问他的侯思止时，不仅不承认谋反，还厉声痛斥侯思止。侯思止极为恼怒，命人把魏元忠一顿毒打，又将他倒拽拖行，直拖得皮开肉绽，鲜血直流。可魏元忠宁死不屈，大声对侯思止说道："我命不好，就好像从驴背上摔下来，脚却还挂在蹬里，只能被驴拖着走。"这是将侯思止比作驴，让侯思止愈加恼怒，于是命人继续拖行，魏元忠毕竟年事已高，此时已经难以忍受，于是说道："侯思止，你要我魏元忠的脑袋你就砍了去，何必非要我承认谋反？"虽说如此，在非人的折磨之下，魏元忠还是承认了谋反。

狄仁杰会如何应对这个局面呢？我们知道狄仁杰有着十余年司法工作经历，牢狱中的这些事情他还是比较清楚的，而且在这黑牢中面对这些酷吏，那真是百口莫辩，所以还不如避其锋芒，再寻生机。从这里，我们就看到了狄仁杰的另一面，他有弹劾奸佞的刚直，同样也有能屈能伸的机巧，这正是他得以在波诡云谲、惊心动魄的武则天时期，安然度过十数年的重要原因。

被派来审讯狄仁杰的王德寿准备与狄仁杰久耗，当他来到狄仁杰面前时，狄仁杰的表现出乎了王德寿的意料。

王德寿一脸严肃地问道："罪臣狄仁杰，你可参与谋反？"

谁知道狄仁杰居然平静地回答："是。"

王德寿没想到狄仁杰会这么回答，还没回过神，又条件反射地问了一句："那你为何谋反？"

"大周革命，万物惟新，唐室旧臣，甘从诛戮。反是实！"

这倒也说得在理，王德寿回过了神，审讯的顺利让王德寿生出了更多心思，于是他换了一种十分恭敬的语气跟狄仁杰说道："狄大人，您功劳甚高，陛下必会法外开恩，下官如今也想稍稍提高自己的官阶，还要请大人多多帮忙。"

这次换狄仁杰不明白了，他问："狄某身处牢中，大人想要升官我怎能帮忙呢？"

王德寿带着一丝狡诈说："在下可以给狄大人指一条明路，那就是把杨执柔牵扯进来。"

这可能是想一口气把所有武家以外的宰相都排挤杀害，但是武承嗣、来俊臣为什么不直接把杨执柔列进名单，而是要花心思让狄仁杰牵扯杨执柔呢？因为杨执柔绝对不是武承嗣或来俊臣能随便招惹的人。

杨执柔出身弘农杨氏的观王房，弘农杨氏从东汉成名，到唐朝已经足足威风了五六百年，且不远论汉魏，只说从唐初到武则天时期，杨氏观王房这一支一共出了驸马三人、王妃五人、宰相三人、三品以上官员二十余人。最重要的是，武则天之母荣国夫人，也是这一支的，所以按族谱算，杨执柔还得管武则天叫姑姑。武则天本人也比较喜欢这个外侄，曾经跟武承嗣、武攸宁说："你们当了宰相了，我也得让我母家有个人。"于是挑中了杨执柔，让他任同平章事。

正因如此，武承嗣和来俊臣还真不敢直接去诬陷杨执柔，引起武则天的怀疑，但是如果狄仁杰诬陷杨执柔，成则皆大欢喜，不成也是他一人受过，实在是一个好选择。

狄仁杰很清楚杨执柔是一个于情于理都不能去得罪的人，本来被诬告还有转圜之处，如果把武则天信任的外侄牵扯进来，真惹恼了武则天，那便是毫无回旋余地了。身处绝境的狄仁杰虽然精神已经十分困顿，但仍然非常清楚地看透了这一点，这正是狄仁杰的过人之处。

于是狄仁杰开始敷衍王德善："我如何把他扯进来？"

王德善以为狄仁杰答应了，于是耐心地指点他："当年您任春官时①，曾与杨执柔共事，从这里把他扯进来便可。"

狄仁杰听完说了一句："皇天后土，遣仁杰行此事！"突然用头去撞柱子，当时就血流满面。这突如其来的一幕着实把王德寿吓到了，既然审讯狄仁杰的任务已经完成了，再节外生枝并无必要，王德寿让人赶紧给狄仁杰医治上药，又安慰了狄仁杰几句，然后就退了出去。

面对凶狠的酷吏，狄仁杰选择了避其锋芒，等待时机。但是手握狄仁杰供词的来俊臣并没有放过狄仁杰，他将七人的供词汇总回复武则天，请求处死七人，并灭七人之族。

此时来俊臣已将卷宗供词上交，就等武则天决断了，在来俊臣看来，这些证词足以让他们身死，于是来俊臣交代手下停止折磨狄仁杰等人，监狱里对狄仁杰的监管也放松了，这就是狄仁杰等候已久的机会。他偷偷撕下棉衣里的布，写下了辩状，然后把辩状塞在棉衣里。接着，狄仁杰又叫来了王德寿，说现在天气转

---

① 春官即礼部，按《旧唐书》《新唐书》，狄仁杰历任地官侍郎、冬官侍郎，未有春官任职记载，疑有讹误。

暖了，这棉衣也用不着了，让王德寿把棉衣送回家里去。王德寿之前已经被狄仁杰的刚烈震慑住了，加上狄仁杰也很配合，来俊臣也交代近日要善待他们，所以王德寿也没仔细检查，就把这包衣物送回狄家去了。

狄仁杰的二儿子狄光远拿到父亲这包衣服就觉得不对劲，仔细检查下，果然找到了父亲的辩状，事情紧急，狄光远立刻入宫求见武则天。

武则天之前对狄仁杰的信任就有所保留，这次听到狄仁杰谋反，来俊臣又拿来了七个人的口供，正在犹豫之际，听说狄光远拿着父亲的辩状来喊冤，于是决定见见狄光远。拿到狄仁杰所写的辩状后，武则天仔细阅览，发现写的是监狱中的黑幕，朝中大臣是如何被诬告的，来俊臣、王德寿等人又是怎么逼供的。武则天看的时候，来俊臣刚好就在旁边，看到狄光远送上来的这份东西，来俊臣知道中了狄仁杰的计，他在心里还暗骂王德寿成事不足，败事有余，制狱戒备如此森严，居然让狄仁杰把辩状送了出来。

武则天看完辩状，便问来俊臣这是怎么回事。来俊臣急忙装出无辜的表情回答："狄大人他们下狱之后，我连一片衣角都没有碰过，衣食不敢有缺。而且如果他们未谋反，为什么要承认呢？"武则天于是决定派个人去监狱里实地看看。

这次武则天派的人是通事舍人周綝，周綝本就不敢得罪来俊臣，而且等周綝到了监狱里，整个制狱已经大变样了，监室打扫得干干净净，犯人都穿得整整齐齐，一点看不出严刑逼供的样子。不过魏元忠当时已被打得一身是伤,任谁都能看出有没有逼供。可周䋈并未仔细察看,也不管魏元忠、李嗣真等人死活,来俊臣说什么他都点头同意。周䋈走的时候,来俊臣又递上一沓谢死表,说是这七个犯人签的,让他转交给陛下。

狄仁杰好不容易争取来的希望之火眼看又要熄灭了。

但总是会有正义来对抗邪恶的,当朝堂上众臣得知这七位大臣被判谋反,即将处刑的消息,批判来俊臣等酷吏、为狄仁杰等人申辩的奏折雪花般飞到了武则天的案头。武则天看着这些奏疏,又看看周䋈拿回来的谢死表,也感到蹊跷了。于是,她决定另行派人重审此案,这次派的是给事中李峤、大理少卿张德裕和侍御史刘宪。这三个人中,大理少卿张德裕是个胆小怕事之人,他知道来俊臣审理的案件,肯定是冤枉的,想要查明真相并不难,但是他既怕说真话得罪来俊臣,又怕说实话得罪武则天——武则天这几年杀人太过频繁,大臣们很难摸清她到底在想什么,真实的意图又是什么。所以,张德裕准备就按来俊臣的说法汇报上去。但是李峤为人正直,他看了张德裕准备的答复后,坚决反对。

他对张德裕说:"张大人,朝中谁人不知那来俊臣是何等无耻,又谁人不知狄大人等是被冤枉的,你这样做,对得起良心吗?"

张德裕头冒冷汗,回答李峤:"李大人,我自知狄大人等冤屈,但是圣意难测,还是按照来大人的说法办吧。"

李峤斥责道:"张大人你好糊涂!今日若狄大人等朝廷栋梁

被来俊臣这样的小人害死,日后还有谁能对其约束。等到你进了那黑狱,就只能在里面受尽折磨,等着被杀了!"

张德裕不再辩解,同意据实回奏。李峤因此被贬为润州司马。

武则天想,该怎么处理狄仁杰他们呢?虽然他们肯定是冤枉的,但是来俊臣这些人伪造的证据环环相扣,十分周密严谨,若直接将他们放了,倒显得朝廷赏罚不明,听凭她一己之意,恐有损国法。

武则天正在思虑,身边的女官告诉武则天,罪臣乐思晦之子求见。宰相乐思晦被来俊臣诬陷而灭族,其子因为未满十岁,侥幸逃过一劫,留在司农寺干活服刑。

武则天看着刚刚比桌子高的孩子,堂堂宰相之子,衣着单薄,一双小手上不是泥巴就是血道子,脚下一只鞋还破着大洞。武则天不禁想到了自己悲惨的童年,她柔声问道:"孩子,你有何事要跟朕说?"

孩子"扑通"一声就跪下了,用脆生生又异常冷静的口气说道:"陛下,臣父已死,臣家已破,今天我不是来向陛下喊冤的,而是臣觉得陛下所定之法固然好,可惜都被来俊臣等人滥用了。陛下如果不信臣言,可以在朝臣中选一个陛下最亲近、最信任的人,然后把控告这个人谋反的状子偷偷给来俊臣,臣用性命担保,用不了几天这个人谋反的所有细节都能呈上来。"[1]

---

[1] [宋]司马光:《资治通鉴》卷二〇五,中华书局,2007年版。

武则天听罢一惊，倒不是惊讶于来俊臣之事，而是惊讶于这样一个年方八九岁的孩子居然能与天下至尊如此平静地交谈，这是许多为官数十年的官员也不一定能办到的，即使有他人教授，此子也不简单，若加以培养，今后必能成为栋梁。

于是，武则天示意女官把他扶起来，然后对他说道："孩子，你所说的朕都明白了，现在你且下去吧。朕赦免你不必再回司农寺，明天起去国子监念书吧。"孩子喜出望外，当即跪下磕头谢恩。

这孩子的出现，倒让武则天想到一个合情合理释放狄仁杰等人的理由。孩童都能有如此口才，若直接召见这七人，让他们与来俊臣当堂对质，凭狄仁杰、魏元忠等人的见识口才，想必能保自己无虞。

于是第二天，武则天就命召见狄仁杰等七人，与来俊臣等人当堂对质。这七人一上殿，只要是个明眼人就能看出来，七人虽然衣着整洁，但脸上无不呈困顿之色，魏元忠脸上甚至还有些青肿，显然是在牢中受了一番拷打。

武则天并未问起，直接开口问道："卿等既无谋反，为何承认？"

狄仁杰因为承认得早，未受拷打，在这几个人中，精神算是好的了，于是立刻回答："回陛下，臣等认罪，等到秋后问斩，还有几个月的回旋时间。若是不认罪，可能当场就要毙命了。"

武则天点点头，刀子一样的眼神扫了一眼来俊臣，又问道："那你们为何要作这谢死表？"

狄仁杰回答："臣等并未作此表。"

于是武则天让人把这些表拿给狄仁杰看，狄仁杰每一份都看过，抬头回奏："启禀陛下，此表与臣等字迹不同，非臣等所作。陛下可取臣等往昔奏疏对比。"

武则天早已对比过字迹，此次当堂对质不过是给百官看的，让大家都看到朝廷不管赏罚褒贬，均是有据可查的。目的已达到，武则天就说道："古人以杀止杀，朕今以恩止杀，诸卿求免任知古、狄仁杰等人一死，朕将他们贬出京去，以观后效如何？"武则天都发话了，明摆着就是在告知众臣，要将这些人放了。

这时武承嗣出班，一口咬定几人即使先前没有谋反，但这次受刑罚之后必定怨恨朝廷，今后也是要反的，万万不能轻放。来俊臣等人也站出来，表示千万不能轻放这几个人。几个人正在争辩，身后一个铿锵有力的声音突然吼道："陛下英明，使七人绝处逢生，来俊臣在此反驳，是想有亏陛下的恩信吗？"来俊臣和武承嗣都愣住了，不知道是谁这么大胆竟然敢与他们争执，两人回头一看，原来是秋官郎中徐有功。徐有功在酷吏横行的时代，是少数几个公正执法的人，武则天非常欣赏他，来俊臣等人听到这话，也打算就此作罢，毕竟再争辩下去，就是破坏皇帝的威信了。

就在大家都以为尘埃落定的时候，一场闹剧发生了。原来是殿中侍御史霍献可站出来了，要求给七人定罪处斩。霍献可的官职并不重要，重要的是这七个人里面的崔宣礼是他的亲舅舅。霍献可为了升官，为了让武则天觉得自己忠不顾亲，竟然在这个时候上演了一场"大义灭亲"。

霍献可出班奏道："陛下您如果不杀崔宣礼，臣请殒命于前，撞死这阶下。"说罢开始以头抢地，不一会就鲜血直流。虽然霍献可是想显示自己的忠诚，但武则天一眼看穿了他的心思，只觉得恶心，于是一使眼色让人把他拖了出去。即便如此，霍献可的"表演"还没结束，此后再上朝，他就用一条绿色的帛布裹着伤口，然后偏偏又要拙劣地把绿头巾从官帽里露一点出来，好让武则天问他时，再表达一番自己的拳拳忠心。

霍献可的闹剧之后，武则天最终对七人做出了判决：贬任知古为江夏县（今湖北武汉）令，狄仁杰为彭泽县（今江西彭泽）令，崔宣礼为夷陵县（今湖北宜昌）令，魏元忠为涪陵县（今四川涪陵）令，卢献为西乡县（今陕西西乡）令，剩下的裴行本和李嗣真流放岭南。虽然最终是受了罚，好歹留了一命，前方又有什么危险和机遇在等着狄仁杰呢？

第六章 远离朝堂

第一节 彭泽县令

彭泽县在唐朝属江州。江州治所寻阳,即今天的江西九江。江州北临长江,鄱阳湖又在江州境内汇入长江。由江南陆路转水路必须经由江州,水上交通非常便利,是无数旅人、商人青睐的首选路线。隋唐时期,这里有自京城长安至岭南广州的著名商路——大庾岭商路,大量的商品及农产品就在此流通汇集,是著名的商品集散地。

茶叶是江州的重要商品。六朝之后,饮茶之风逐渐由南方普及至北方。南方生产的大量茶叶通过水路及陆路运往北方,而江州作为长江航线上的重要节点,在茶叶交易、运输上发挥着重要的作用。商品经济的发展带动江州迅速发展。从唐初的贞观年间,一直到安史之乱前的天宝开元年间,江州的户数、人口实现了持续的增长。《新唐书》将其定为上州，也充分说明了江州的发展状况。

狄仁杰就任县令的彭泽，位于江州的东北方，从彭泽溯流而上，就是江州的治所寻阳，从彭泽顺流而下，就是富庶的江南和古都金陵。彭泽的西面，就是著名的鄱阳湖，如果由长江下游经水路进入赣境，彭泽也是必经之地。在《新唐书》中，彭泽县被定为上县。

说起彭泽，很容易想起东晋著名诗人陶渊明，当年他在彭泽当了一段时间的县令，可是仅仅八十一天后，就挂印而去了，留下了"不为五斗米折腰"的故事。大约二百九十年后，狄仁杰循着陶渊明的足迹也来到了这个地方，他会给百姓留下什么呢？

狄仁杰在长寿元年一月被贬，从神都洛阳出发，走水路通济渠，途经汴州（今河南开封）入淮河，再从淮河入长江，之后由长江溯江而上，到达彭泽。这一路舟车劳顿，狄仁杰到达彭泽的时候，已经秋意甚浓。

恰逢年景不好，狄仁杰在路上的时候就发现江淮一带出现了旱情，恐怕又是一场大灾，狄仁杰心中忧虑，不知道自己即将上任的彭泽县情况如何。等到了彭泽，狄仁杰才发现情况比自己预想的还要糟糕，本应是收获的时节，可彭泽的田间地头却是满目焦黄，本应是水田的地方只有大块大块龟裂的土地，狄仁杰骑着马往县衙走着，一路上都是满面绝望的百姓，有的携家带口，显然是准备出外逃荒，有的在路边刨着草根树皮充饥，场面十分凄惨。

狄仁杰连忙下马，询问百姓为何彭泽如今是这般光景。询问之后才知道，彭泽之所以如此，主要是江淮一带从五月开始就大旱，而彭泽从春至夏更是没下过几滴雨，彭泽本地人以种植水田稻谷为主，大旱使得水田干涸，根本无法插秧，而由于本地的水利工程年久失修，导致彭泽虽是紧靠长江，却根本无法利用长江之水灌溉田地。加上彭泽当地山多田少，每户人家多不过十亩五亩，少则几分，正常年份交完租调之后，尚能靠杂粮度日。今年赶上大旱，颗粒无收，彭泽百姓根本没有活路[①]。往年若有旱灾，百姓还可前往长江捕捞鱼虾维持，今年不知是何缘故，朝廷在五月下达禁令，禁止私自屠杀和捕捞鱼虾，彭泽百姓顿时陷入了绝境。如今若不吃草根野菜，就只能携家带口出外逃荒，否则只有死路一条，因此彭泽当地年轻人都逃离了此地，不少村子只剩下一些年老力衰或者舍不得田地的人，这些人也难寻食，只坐在自家门槛，抬头望天，低头等死。

狄仁杰了解了民情之后，思绪万千，他马不停蹄赶往县衙，也不等休息，就在县丞、主簿等人的协助之下，立刻起草了一封代江州全州九县上奏的奏疏，在奏疏中，狄仁杰详细反映了江州所面临的严重旱灾饥荒，恳请朝廷立刻开仓赈灾，同时免去彭泽等九县当年的赋税。狄仁杰的身份非同凡响，毕竟是做过宰相的人，他的奏疏一路畅通无阻，很快就到了朝廷。

从朝廷的制度来说，狄仁杰此时不过是一个县令，管好彭泽

[①] ［清］董诰：《全唐文》卷一六九《乞免民租疏》，中华书局，1983年版。

一县之事即可，其他县理应由其他县令负责。他的这次上疏算是职位僭越，狄仁杰此时是贬官，是戴罪之身，朝中武承嗣、来俊臣等人正"遗憾"未能置狄仁杰于死地，狄仁杰此次上书，是冒着很大风险的，也是需要勇气的。但是狄仁杰考虑赈灾问题，再想想那些只能等死的百姓，不能不急，而且他也清楚自己做过宰相，亲自反映情况的话，朝廷审批的时间会更短，更容易受到重视，他担心其他各县官员若是爱惜官位，不报灾情，当地百姓恐怕要遭殃，索性就担着风险，代全州九县上疏。

果然不出狄仁杰所料，奏疏送上去，很快就批了下来，诏书命彭泽就地开仓放粮，并免一年赋税。消息公布，整个彭泽都沸腾了，当时就有百姓组织起来去衙门谢恩。可等一群人到了衙门，却扑了个空，原来狄仁杰一大早就组织施粥赈灾去了，衙役还告诉百姓，狄县令让各家若有亲属出外逃荒的，赶紧去追，朝廷今年租调全免，不久就有赈灾粮下发。等度过今年大灾，明年本县的大工程可离不开诸位父老乡亲的助力。

这大工程是什么？原来狄仁杰考虑，开仓放粮只能解燃眉之急，却不能提高彭泽应对灾害的能力，要彻底解决问题，就必须把全县的水利工程修起来，将长江水引来，今后再遇旱灾才不会像这次一样凄惨。

于是彭泽县的乡亲们奔走相告，又组织一批村民去追回之前出逃的百姓。赈灾完成后，全县百姓也基本回乡，狄仁杰立刻动工开始清淤通渠等工作，好在彭泽之前就有不少水利设施，只不过年久失修不能继续使用，在狄仁杰的带动下，全县百姓都拿出了极大的热情,不少百姓甚至不要工钱,前来助力。狄仁杰亲自参与水利设施的工程设计,亲临施工现场督工,时时关切工程进度,没多久,水利设施都恢复了运行,百姓们发自内心地感谢这位"宰相县令"。

修好了水利设施,狄仁杰又寻思起彭泽的致富之路。俗话说靠山吃山靠水吃水,彭泽濒临长江,自然要在长江上下功夫。在来彭泽的水路上,狄仁杰就发现了,彭泽的码头少,且缺乏大型码头,根本无法满足往来船只的停泊需求,这导致了上游来的商船一般选择直接顺流而下,下游来的船也愿意多走几十里去上游的寻阳,竟然很少有商船在此停泊,很难增加商税收入。

狄仁杰召集了一大帮本县耆老乡绅和商人代表,众人集思广益讨论了几天,终于定下了几项计划:

首先是码头的问题。狄仁杰打算扩建彭泽仅有的一座码头,使它能够停靠大型商船,还将新建三座规模较大的码头。这样一来,彭泽的货物吞吐能力大大提高。

其次是丰富当地的商品。狄仁杰和茶商交流之后得出结论,彭泽多山,气候分明且雨量充沛,光照充足,霜期短,非常适合茶叶的种植,如果能在彭泽发展茶叶种植,到时候借助便捷的水运条件和地理优势,吸引全国的茶商来此交易,不仅可以提高彭泽码头的吸引力,还为彭泽的百姓们开辟了一条财路。说干就干,狄仁杰立刻鼓励全县民众在不误农时的前提下,利用彭泽众多的山地种植茶树,并花重金从寻阳等地引来优秀茶株,又请来一些种茶经验丰富的老农,传授种植经验。待初见成效,狄仁杰又派人四处联系，许多茶商听说彭泽也能买到品相优良的茶叶，都很感兴趣，过去彭泽进不了大船，现在不仅能进大船，还多了好几个码头，好几个洛阳来的茶商当即就表示要去彭泽看看，有一个豫州籍的商人听说彭泽是狄仁杰主政，更表示要报狄仁杰的恩，特意赶远路来彭泽买茶。

彭泽还产铜，铜是古代重要的铸币材料，古代铜矿一般是官营，唐代出现了很多私人矿坑，由个人开采，官府收税。但是彭泽的铜矿由于缺乏管理，开采混乱，很不成规模，而已有的几座矿点，也由当地恶霸地主所控制。狄仁杰了解清楚情况后，首先对几家实际掌控铜矿的大地主展开了调查，查明了他们实际掌控的铜矿规模。一方面对其进行征税，责令提高矿工的待遇。另一方面又帮助他们提高开采技术，扩大矿山开采规模，提高产量。如此恩威并施，当地矿主、土豪无不对狄仁杰又敬又畏，民众除了种田又多了多种谋生的手段。

狄仁杰不愧是曾任宰相之人，竟能同时主持修水利、建码头、办茶园、治铜矿等数件大事。眼看年关将近，狄仁杰又马不停蹄地视察起了监狱，这算是他的"老习惯"了。巡视之后，狄仁杰还真发现了问题：彭泽不过五六万人口，小小一个县监狱，关的犯人却有四五百人，可狄仁杰经过这段时间的亲身体验，知道彭泽民风淳朴，绝不是什么罪恶横行之地，可为什么监狱里会关押这么多犯人呢？

原来上任彭泽县令是酷吏来俊臣的一个亲信，此人深受来俊臣影响，处理起政务来全然是酷吏风格，衙役在街上巡逻之时，只要见到百姓发生矛盾，即使只是邻里口角，也不问青红皂白，直接将双方逮捕投入监狱。可恨此人虽行事酷厉，却毫无断案之才，处理一件简单的案子往往少则数月，长则一年方能有个结果。长此以往，监狱里的人员越来越多，彭泽百姓因此怨声载道。

了解这些情况后，狄仁杰一声长叹，又开始了繁重的断案工作。因为眼看就要过年了，狄仁杰也想让这些蒙冤之人回家与家人团聚，过个好年。他白天判决，夜晚审案，三天未合眼地处理这些冤狱。无奈监狱里关的人太多，眼看已经腊月二十八，而监狱里还有三百人未判。狄仁杰思索半日，这些人虽然没判，但自己已经初步了解，除了一个叫汪天和的，没有死囚。思虑至此，狄仁杰大笔一挥，决定让这三百人回家过年，待过完年正月初二再返回监狱，听候判决。

此决定一下，县衙里的官员连连摇头劝道："狄大人，卑职知道您体恤百姓，不过这纵囚之事未报州里审批，恐怕……"

狄仁杰微微一笑，说道："你放心好了，这纵囚之事并非前无成例，就说太宗皇帝，不也做过纵囚之事吗？此事既然由本官提出，若有差池，也是由本官一人承担，绝不牵涉尔等。"有了这句话，一众官员也不好再说什么。

整个彭泽再一次沸腾了，这三百名囚犯更是喜出望外，纷纷向狄仁杰叩谢，保证过完年一定按期回监狱服刑。果然，大年初二，一大早就有囚犯陆续返回了，刚过午时，三百人几乎就到齐了，而且这些人感谢狄仁杰的恩情，竟然在离去时，互相约定返回时携带家乡一捧土，等这些人回来后，把这些土往监狱旁一堆，一天下来，竟如小山一般①，时人称之为"纵囚墩"。

到了晚上，狄仁杰命人清点了人数，没回来的还有两人，一人因为隔江大风所阻，舟楫不通，已经托人捎来了话，正往这边赶来。还有一人却未有音信，正是那死囚汪天和，县丞叫人去缉拿他归案，狄仁杰又拦住了，说他若真要跑，这三天恐早已跑没影了，不过他的案子尚有疑点，自己明天去亲自走访一趟，看看能否找到一些证据。

第二天，狄仁杰就化装成了个游方郎中往汪家而去。这汪家在黄岭老屋湾村，并不远，正午时分，狄仁杰就到了汪家屋外。正欲叫门，门却开了，一个身材魁梧的汉子正要往外走，他见到狄仁杰的郎中打扮，先是一愣，接着又欢喜道："先生这不是来巧了吗？在下正准备去请大夫，先生快请进。"

狄仁杰也不推辞，那日纵囚时狄仁杰暗中注意过汪天和，认得正是此人，可汪天和站得太远，并未看清自己的相貌。

原来汪父前几日偶感风寒，但这几日过年，一时之间也请不到大夫，汪天和粗通药性，胡乱给父亲煎了几服药，好歹算是不严重，但总不见好，因此眼见已经初三，便打算出门寻个大夫，谁知刚好撞上狄仁杰上门。

狄仁杰精通医道，略一把脉便开出一个方子。汪天和郑重道谢，并奉上诊金，随后更是盛情邀请狄仁杰留下来吃饭，狄仁杰也不多推辞。

---

① 杜文玉：《狄仁杰传》，商务印书馆，2019年版。

狄仁杰见汪天和只招呼他饮酒，自己却滴酒不沾，于是好奇发问。汪天和略一皱眉，说："先生救我父性命，就是我汪天和的恩人。我不敢隐瞒，其实我是一个待死囚犯，本县狄老爷开恩，放我这样的死囚出来与家人团聚。本来初二我就该回去了，只不过家父染病，身边离不得人，我也放心不下，因此误了归期。今天既然请到了先生，我吃完这顿饭便要回监狱去了，因此不敢饮酒，还请先生见谅。"

狄仁杰点点头，不动声色地问道："真是个大孝子，失敬失敬。不过我看您面色和善，不像恶人，不知是犯了何事，可有冤屈？"

汪天和叹了一口气："说来惭愧，皆是因为我的婚姻而起。去年家父本来为我说了一门亲事，可是我已有心上之人，因而让父亲推了，家父与家母争了起来，谁料家母一时气急，竟然跌倒撞到了台阶之上，不治而亡了！"说到这里，汪天和放声大哭。狄仁杰拍拍他的肩，以示安慰。

汪天和情绪稍缓，继续说道："谁料这事被告上衙门，说我谋杀亲母，前任县令狠辣，我怕把父亲牵涉入内，他年迈受不住刑罚，便自己认下了这案子，因此被判斩刑，秋后处决。"

狄仁杰本来就觉得汪天和的案子疑点重重，到此时才知道真相。于是感慨道："真乃大义大孝啊！"

汪天和连连点头："只是我这次又误了归期，不知狄老爷是否还肯宽恕我这一回。"

狄仁杰捻须一笑，说道："放心回去，我保你不仅此去无恙，而且可以洗脱冤屈。"

汪天和听罢大喜，虽不明所以，还是起身道谢："多谢先生好意，先生若是不嫌弃，请在这里多住些时日，若在下侥幸得免，到时再回来感谢先生。"

狄仁杰摆摆手：说道："不必不必，有缘自会相见。今日已不早，在下告辞。"说罢就起身而去。

汪天和见挽留不住，也只好将狄仁杰送出三里外，然后返家收拾行囊，踏上了返回监狱的路。

到了监狱后，典狱竟然通知他直接过堂，汪天和心中惴惴不安，却也只得跟了典狱上堂。等到了大堂，汪天和往下一跪，说道："在下家中急事误期，有负老爷圣恩，请狄老爷加罪。"

只听上面一个熟悉的声音传来："汪天和，你抬起头来。"

汪天和一抬头，大惊失色，原来上面端坐之人正是白天的郎中，原来那竟是狄大人，汪天和连忙又是一阵磕头，连称死罪。

狄仁杰说道："你的事情本官已经清楚了，既然你并未杀人，又念你一片孝心，本官就从轻发落，罚你在家好好孝顺父亲，早日完婚，也好了却你父亲一桩心事。"

汪天和被这突如其来的宣判惊得发呆，狄仁杰已经退回后堂了，他依然久久跪在地上没有起身。

时间过得飞快，狄仁杰在彭泽一转眼就已任职四年，在彭泽的这几年，狄仁杰有空就化装成郎中，四处视察民情，顺便帮百姓看病，这一点彭泽县上到县丞、主簿，下到平头百姓早就是见怪不怪了。不少百姓还愿意"照顾照顾"这个郎中的"生意"，顺便也跟狄老爷唠唠家常。

这天,狄仁杰处理完了事务,骑着马就出去视察民情了。狄仁杰一路走一路看,居然又到了汪天和家。既然来了,狄仁杰干脆敲开了门,他也想看看这汪天和出狱之后的生活。汪天和这天刚好在家,见狄大人亲自登门,又惊又喜,跪下就要磕头,狄仁杰连忙扶住,客气一番之后,汪天和把狄仁杰引入大堂,又奉上香茶。

此时汪天和之父已痊愈下床,见狄仁杰来了,也迎了出来,满脸喜悦地感谢狄仁杰对儿子的再生大恩。狄仁杰摆摆手说道:"汪公不必客气,本官既然是本县县令,自然要为本县百姓做主。"他顿一顿,又说,"本官今日探访民情,路经此地,故而进来看看,天和得脱冤狱,生活上不知还有什么困难?"

汪父说道:"有劳狄大人挂怀,小人家中本来也颇有些家产,生活上倒也富裕。只是天和这孩子眼见将近而立,仍未娶亲,不管我怎么说,这孩子都不听,唉。"

"噢?"狄仁杰视线转向汪天和,"上次你对本官说过心有所属,为何如今还未成亲啊?"

不等汪天和回答,汪父插口道:"狄公有所不知,小儿心中所喜乃是本村胡家女儿,他二人也算是青梅竹马,不过这胡家实在家贫,她父亲又有病,离不开药,家务全需这女子操持。狄公,你说这婚姻之事,总得讲究个门当户对不是?"

狄仁杰听完,又看了汪天和一眼,见他满脸不服气,显然是不同意父亲的观点。狄仁杰心中有了主意,于是笑呵呵地对汪父说道:"汪公啊,本官所想倒与你不同。方才你说这胡家农活都是这胡氏操持,我看这丫头不止孝顺,而且能干啊。咱们都是上了年纪之人,身边得有知根知底、知冷知热的子孙啊,这胡氏在家能孝顺父亲,若成了你的儿媳,今后必定也能孝顺公公。家贫点我看倒不是什么坏事,这胡氏能干,天和也不是懒惰之人,夫妻两人同心,还怕没有好日子吗?话又说回来,天和之前之所以身陷囹圄,还不是因为他的婚事吗?现在能以婚事作结,岂不美哉?"

汪父知道狄仁杰这是有意撮合,但老人性子拗,又不好驳了恩人的面子,思考半晌,突然想出个主意,他对狄仁杰说道:"我素喜偃月馄饨①,只是这馄饨需用面皮,但这彭泽只产水稻,没有麦子,若胡氏能以米粉为皮做出馄饨,我便同意了这门亲事。"汪天和一听,知道父亲这是在为难人,因为米粉缺乏黏性,不筋道,根本没法擀成皮。但是狄公不知是不了解这一点还是早有计谋,又追问了一句:"汪公,咱们可是说好了,若这胡氏能以米粉做出馄饨来,你就同意二人这门亲事。"

汪父点头:"狄大人在此,小人不敢背信。"

狄仁杰当即让汪天和去告知胡氏此事:"天和啊,你快去快回,今日是来不及了,再过两日,二月十五,咱们如此如此……"说罢还附在汪天和耳畔小声叮嘱。汪天和听了,立马去告知了胡氏,胡氏当即按汪天和的吩咐去准备。

---

① 即饺子,唐人习惯称饺子为偃月馄饨,为了称呼方便,下文通称馄饨。

到了二月十五这天,狄仁杰又来到了汪天和家,之前汪天和蒙冤入狱得狄仁杰解救,现在彭泽百姓又听说狄仁杰要用米粉皮的馄饨促成一桩婚事,这样的热闹事,彭泽人都想看看热闹,看看胡氏怎么完成这个挑战。

汪氏父子此次有意谢恩,因此已经在自家门前摆下数桌酒席,不管今日亲事成与不成,总要借着这次机会感谢狄仁杰。众人落座之后,胡氏很快就端来了三大碗馄饨,这馄饨比一般的馄饨都要大得多,也要扁得多,而且看起来不是煮出来的而是蒸熟的。汪父夹起一枚,刚咬一口,混着蔬菜和肉香的汁水就流进了嘴里,味道着实鲜美无比,汪父顾不得烫嘴,呼着气就把这枚大馄饨吃了下去,这皮也确实是米粉皮。

狄仁杰看着汪父享受又疑惑的表情,不禁莞尔一笑:原来狄仁杰当年在宁州时,结识了一个在北方做生意的南方人,这人也喜欢北方的馄饨,无奈吃不惯面食,因而煞费苦心研究出来一个方法,用米粉做皮,这方法也简单,其实就是把米蒸至半熟,然后再磨成粉,用开水调和之后,就有了黏性和韧劲,可以包馄饨了。狄仁杰当年在宁州没少巡访街市,见识过这商人的手艺,谁想到今日派上了用场。狄仁杰几天前跟汪天和交代的就是这秘诀。

见汪父吃得开心,狄仁杰连忙趁热打铁:"汪公,你看这胡氏的手艺如何?"

汪父知道狄仁杰这是在提醒自己履约,见他们心诚,又有狄仁杰的支持,也就高兴地答应了。汪天和连忙携着胡氏上前谢恩,胡氏得嫁爱人佳偶,此时也是喜不自胜,流下了喜悦的泪水。四周乡亲见狄仁杰促成金玉良缘,也是齐声喝彩。汪天和连忙招呼乡邻入座吃酒,村子里充满了欢快的气氛。而这种米粉皮的馄饨也就自此在彭泽当地流传至今,这就是彭泽当地著名的小吃蒸米粑。

在唐朝以前,彭泽以农历二月十二为花朝节,这一天是百花生日,家家都要祭花神,未嫁之女剪五彩笺,用红绳挂于开花的树上,还要去花神庙祈福,以求花神降福。但是由于二月十五蒸米粑这个故事的流传,彭泽人于是把花朝节改在了农历的二月十五,并且增加了祈求美满姻缘和做蒸米粑的习俗,新媳妇过门这一天也要做蒸米粑。以此来纪念狄仁杰的恩德。

狄仁杰在彭泽一干就是四年,像其他被狄仁杰治理过的地方一样,彭泽县家给人足、路不拾遗、夜不闭户,从几年前还需要救济的县变成附近最为富裕的地方。彭泽的百姓都发自内心地喜欢这个给他们的生活带来翻天覆地变化的狄老爷。狄仁杰后来受诏前往河北魏州,离开了彭泽,彭泽父老感激怀念这位清正、能干的父母官,特意在当年狄仁杰释放囚徒留下的"纵囚墩"的基础之上修建了一座祠堂。

汪天和之事和蒸米粑的来历是由彭泽当地的民间传说改编而来[①],事情的真实性已经不可考知,但是却反映出彭泽当地百姓对狄仁杰的崇敬和爱戴。晚唐时,著名诗人皮日休游历江南,途经彭泽时还听到当地百姓歌颂着狄仁杰的事迹,看到他的祠堂香

---

① 崔若林:《粑在九江》,《长江周刊》2022年2月20日,第二版。

火不绝。

北宋仁宗年间,中国历史上另一位著名人物范仲淹也来到了彭泽。在此之前,范仲淹因为党争之事被贬饶州(今江西鄱阳)知州,但是范仲淹没有灰心丧气,而是为当地百姓做了很多实事,如兴办县学、整顿吏治、减免茶农赋税等等。在饶州任知州一年多后,范仲淹又被调到了润州(今江苏南京)任知州。而从饶州前往润州,路上要经过彭泽,范仲淹见时间富裕,特意在当年狄仁杰治理主政过的彭泽稍作停留,拜谒了狄公祠,凭吊这位自己崇敬已久的大唐名臣。

从人生经历和对待人生的态度来看,范仲淹和狄仁杰有着很多的相似之处,比如立志"先天下之忧而忧,后天下之乐而乐"的范仲淹经常上书直谏而得罪他人,甚至有朋友写文章劝他在朝堂上少说两句,以明哲保身,范仲淹不以为然;再比如范仲淹在战事吃紧的时候临危受命,戍边西北,成绩斐然,留下了"将军白发征夫泪"这样的诗句。这些经历都与狄仁杰的人生颇为相似。

作为一代文豪的范仲淹在参观了狄公祠之后,仿佛与狄公心灵相交,激情再也难以自抑,当即写下了一篇碑文——《唐狄梁公碑记》。这篇文章气势磅礴,洋洋洒洒近两千字,回顾了狄仁杰的生平事迹,历数了狄仁杰的十五件功绩,既表达了范仲淹对狄仁杰的崇拜之情,也抒发了范仲淹忧国忧民,以天下为己任的伟大志向。

不过不知出于什么原因,范仲淹此文并未被刻成碑,直到五十六年后,另一个狄公的仰慕者同时也是著名书法家的黄庭坚，才将范仲淹此文重新书写，并雕刻成碑，因此留下了"狄公事、范公文、黄公书"的千古佳话。

就在狄仁杰在彭泽与民同乐之时，一份六百里加急的公文正在由河北传向洛阳，所有人都不知道，整个河北的平静也将因为这份公文的内容而被打破。

第二节 魏州刺史

万岁通天元年（696年）五月的一天，武承嗣进宫来找姑姑武则天，武承嗣此行并不是来关心年事已高的武则天，而是另有所图。那就是皇嗣之位。此时李显被废，李旦被软禁，武承嗣据此认为皇嗣之位有可能落到自己头上，于是多次以"自古天子未有以异姓为嗣者"的理由劝说武则天。而武则天此时并未下定决心改立皇嗣，因此也未搭理武承嗣，只忙着批阅奏章。

"陛下，臣侄方才所言，陛下认为是否有理？"

"唔？"武则天听到武承嗣唤她，才知道他已经说完了，只得转移话题，"奉先啊（武承嗣字），朕岂不知你心中所想，可是你和三思也得在国事上为我分忧啊。你倒想想，面对这殿上群臣悠悠之口，而你无大功，我如何开得了这口？"

武承嗣嘿嘿一笑，说道："陛下，所谓不在其位，不谋其政，臣侄若……臣侄若……得继承姑母之位，自然在国事上费心，只是……"

武则天见武承嗣一副无赖之相，哪有半分皇族气象，心头无名火起，轻哼一声："尔等日日缠我，若在国事上有此人一半用心，我焉能拖到此时不决，你且好好看看吧！"说完甩下来一份奏疏，刚好落在武承嗣眼前。

武承嗣急忙俯下身捡起奏疏观看，原来是一份御史的上书，夸赞彭泽县令狄仁杰兴修水利、平理冤狱的政绩，还特意提到了那个囚徒堆积起来的"纵囚墩"，建议朝廷对他再次委以重任。武承嗣咬牙切齿，怎么又是这狄仁杰？都贬为小小县令了，还能给自己惹来麻烦。

武则天看武承嗣不说话，于是又说道："你真当学学狄卿是如何办差的，年过花甲之人，从宰相到县令，却毫无怨言，只在为国效力。再看看你等，你们心里那点龌龊事当我不知道吗？你们若有狄卿半分能力，我不知要省多少心。若能如此，你心中所想之事还有什么好顾虑的？"武则天一通训话，把武承嗣吓得趴在地上大气都不敢出。

武则天还想再说，只见夏官侍郎（即兵部侍郎）孙元亨神色慌张地前来参见，想必是有什么急事。武则天顾不上再教训侄子，挥挥手让他出去了。果然孙元亨奏道：契丹人造反了！

在大唐的东北边境上，生活着多个少数民族，其中有一个民族叫契丹。契丹人一直生活在今天中国东北、内蒙古东部一带。到隋唐时期，契丹人先后依附于东突厥和大唐。李世民在攻打高句丽的时候，契丹首领窟哥率军助战，李世民将其封为左武卫将军，又设置松漠都督府，以窟哥为都督，赐姓李，统辖契丹诸部。

但是由于大唐边将的欺压和军役负担的加重，契丹和另外一个少数民族奚族常常团结起来，反抗大唐的压迫，时不时也去骚扰大唐边境，获取一些利益。高宗显庆五年（660年），契丹和奚族两族不堪兵役，趁唐军主力前往高句丽前线时，突然叛变，进攻唐军的重镇营州。当时由于狄仁杰叔叔狄知本的坚守，这两族并没有占到便宜。

契丹首领窟哥之后，本该由阿卜固袭位，但阿卜固在显庆五年的叛乱中失败被擒，松漠都督便由窟哥之孙李尽忠继承，李尽忠妻兄名叫孙万荣，也是当时大唐的归诚州刺史。松漠都督府和归诚州都是大唐设置的羁縻都督府，隶属于当时的东夷都护府，而这个东夷都护府照例是由营州都督兼任的。当时的营州都督赵文翙刚愎自用，不把这些少数民族部落放在眼中，对待他们的首领酋长就像对待自己的家奴一样。刚好那年赶上灾荒，赵文翙不仅不赈济这些部落，还趁机侵扰契丹人，这严重激化了武周政权与其他少数民族政权间的矛盾。

在万岁通天元年（696年）五月壬子，契丹人出动大军突袭了周军的东北重镇营州，营州都督赵文翙都没反应过来，营州就被攻陷了，赵文翙被杀。

得知契丹人造反的消息，武则天大怒，孙万荣的职位还是武则天封赏的，如今他竟然恩将仇报，一气之下，武则天把这两人的名字改了，李尽忠改叫李尽灭，孙万荣改叫孙万斩。

万岁通天元年五月乙丑，武则天派出了左鹰扬卫将军曹仁师、右金吾卫大将军张玄遇、左威卫大将军李多祚、司农少卿麻仁节等多达二十八名将领，组成大军进讨契丹叛军，七月辛亥，又派了自己的侄子梁王武三思为榆关道安抚大使，宰相姚璹为副手，在其后作为接应。

契丹攻陷营州之后，李尽忠自称无上可汗，任命孙万荣为主帅，继续南进，进攻檀州（今北京密云），好在当时的清边前军副总管张九节军事素质还不错，暂时逼退了契丹人。

八月，曹仁师等人率领的大军抵达幽州（今北京），李尽忠和孙万荣并不慌张，而是选择收缩兵力，准备迎敌。先前攻破营州之后，契丹人俘虏了数百周军士兵，关在地牢里。李尽忠为了迷惑敌军，就特意安排看守跟这些周军俘虏聊天，向他们释放契丹军心涣散、缺粮少食的虚假信息，又将他们故意放回，周军果然中计，以为契丹此时已经是濒临崩溃，只要大军前往他们就会四散而逃，因此周军各部不顾疲惫拼命赶路，都想拿到这先登之功。而契丹则选择了一个叫黄獐谷的地方设伏，此地是从平州（今河北卢龙）前往营州的必经之地，地形又极为险要，易守难攻，十分适合埋伏。果然周军急于赶路，中了契丹人的埋伏，全军覆没。所有出征的周军中，只有李多祚没有贪功冒进，因此得以脱身，后来被封为羽林大将军，成为神龙政变中的重要人物。

当年十月，李尽忠突然去世，孙万荣接替了他的位置继续向朝廷发起攻击。他派出手下大将骆务整和何阿小长途奔袭，攻陷了冀州（今河北衡水冀州区），斩杀刺史陆宝积，屠戮吏民数千人，随后又攻击了冀州以北的瀛洲（今河北河间），整个河北都陷入了对契丹人残忍屠杀的恐惧之中。

而周军全军覆没的消息传入朝廷,武则天也慌了,到了这个地步,首要的任务就是要安定河北。而安定河北,最重要的地方就是魏州(今河北大名北)。魏州背靠黄河,屏蔽河南,是河北的底线、洛阳的屏障,南北势力的强弱态势往往取决于谁能占据魏州,"河北之患二百余年,而腹心之忧常在魏博(即魏州)"①。后来唐代的藩镇割据之所以如此难以收拾,就是因为藩镇占据了魏州,可以随时南下进攻。现在几乎整个河北都被契丹劫掠,如果再进一步攻取了魏州,那么整个局势将彻底不可收拾,而广大的河南之地也将暴露在契丹的铁蹄之下。所以当务之急,就是要找一个值得信任的人,镇抚魏州,守住底线。这样的危机之下,武则天第一个想到的人就是狄仁杰。

万岁通天元年十月,一纸加急公文很快就送到了江州彭泽县县衙,狄仁杰接到命令后丝毫不敢耽搁,很快把公务交托给县丞等人,嘱咐他们等候新任县令到来,自己则赶紧收拾好行囊立刻上路。为了防止百姓送行围堵,狄仁杰准备当天晚上就悄悄上路。

当夜,狄仁杰轻轻打开县衙的旁门,准备上路。一抬头,他就被眼前的景象震住了,原来门外已经被百姓围得水泄不通,这些百姓有的举着火把,有的提着灯笼,狄仁杰从昏暗的灯光中看见,不少百姓都在默默擦拭着眼泪,却没有一人发出声音。

不用说,一定又是县衙里的人把消息透露了出去。狄仁杰正

---

① [明]顾祖禹:《读史方舆纪要》,中华书局,2005年版。

第六章 远离朝堂

准备说点什么,这时人群中走出一人,说道:"狄老爷,您莫怪县衙里的大人们。您就是我们彭泽百姓的再生父母,既然父母要出远门,儿女们怎有不送之理?"

狄仁杰定睛一看,原来是自己曾经救过的汪天和,不仅汪天和来了,他的老父亲和身怀六甲的胡氏娘子也都来了。狄仁杰走近一步,说:"天和,现在日子越过越好了吧?"

汪天和说:"托狄大人的福,小人现在家里除了种田,还做茶叶生意,这日子是一天比一天好。"说到这里,汪天和不禁情绪有些失落了。狄仁杰连忙拍拍他的肩,又定了定神,对围着的百姓说道:"诸位父老,本官今日接到朝廷急令,要前往魏州,时间紧急,来不及与彭泽父老乡亲们辞别。今天有这么多人来为我送行,狄某受之有愧啊!"

有百姓说:"狄大人,我们知道朝廷急令耽搁不得,我们不敢耽误了您的行程,就是想来送送您。"说完又冲着人群吆喝一声:"乡亲们,给狄老爷让一条路出来,狄老爷着急赶路,莫要误了时辰。"话音刚落,人们呼啦啦就空出了一条人巷出来,狄仁杰这才发现,这人群一眼都望不到头,不知道今晚来了多少人。狄仁杰是见惯了大场面的人了,可这会心里也不禁感动。

狄仁杰登上马车,站在马车上,又向围着的百姓拱手说道:"诸位乡亲父老,今日相送之情本官心领了,时辰不早了,诸位请回吧。"说罢,一狠心钻进了马车。

人群挨挨挤挤的,没有一个人愿意离开,大家都想多看敬爱的狄老爷一眼,哪怕只能看着马车离开也好。这时见狄仁杰上了马车，有的人祝狄仁杰身体安康，有的人祝狄仁杰早日重做大宰相，还有的什么也不说，就是扶着马车一路跟着，一直出了县城门也不愿撒手。

而此时任魏州刺史的独孤思庄听说契丹兵锋已经到达冀州，非常紧张，他虽然不会带兵作战，但也知道魏州是兵家重地，契丹人若继续南下的话第一个目标就一定是魏州。独孤思庄夜不能寐，绞尽脑汁想出了一条自以为妙的计策。

独孤思庄知道契丹人骑兵精锐，转进如风，但骑兵即使再精锐也没办法攻城，所以只要自己把城墙修高一点，防御工事修多一点，契丹人要来，自己便坐守坚城，坚壁清野，契丹人想必就没什么办法了。

于是，独孤思庄传令下去，魏州各县所属乡村的青壮年全部投入修补城墙、修缮守城器械和防御工事中来。可这时候正好是播种的季节，独孤思庄把人全叫去服劳役了，庄稼错过了时节，明年肯定是要闹饥荒的。不过独孤思庄认为，庄稼种得好，却不修缮防御设施，契丹人一来也是丢城失地，庄稼反而便宜了他们，索性还不如不种了。

看起来这是一个好主意，其实不然。为什么这么说呢？契丹人此时并未南下进攻，而且契丹人能够打到靠近魏州的冀州，是靠偷袭取胜，劫掠一番便撤退，由此可见，契丹人并没有短时间内继续南下的意图。退一步说，契丹人即使要南下，魏州上面还有贝州，魏州有足够的反应时间。如果今年种不上粮食，有百万人口的魏州明年一定会面临饥荒。独孤思庄这些举动，明显是只顾自己的官位,而不顾百姓的死活。

狄仁杰过了黄河,终于进入了魏州地界。一路走来,狄仁杰发现了一个怪现象:明明就是播种粮食的季节,但农田里却一个人都没有,人都到哪去了?带着疑惑,狄仁杰到了魏州南部的顿丘县(今河南清丰)。顿丘县令解答了狄仁杰的问题,原来是独孤刺史下的命令,城里所有劳力都去修城防了。

狄仁杰听后非常生气,和顿丘县令说:"这独孤思庄真是愚蠢之辈,如此一来,岂不是本末倒置吗?"

"狄大人,这城还修吗?"县令小心翼翼地问狄仁杰。

"不修了,让百姓赶紧回去种庄稼去,契丹人打不到这儿来。"狄仁杰相当自信地说,"现在都快十一月了,千万别耽误了农事,影响了明年收成。"

"是是,下官这就去安排,那下官先陪您去驿馆,之后马上让县丞去通知百姓,抓紧播种。"

"不用了,我这就走了,你给我准备马车干粮,我马上就出发。"

县令一惊,问道:"狄大人您这才刚到,如此匆匆,可是下官有何招待不周之处吗?还望大人明示。"县令还以为自己惹狄仁杰不高兴了。

狄仁杰说道:"你莫要多想,本官是想民以食为天,这农事一天都耽误不得,我得赶紧赶去州治府衙,把这命令改了。你抓紧时间安排,让百姓回去安心务农,若有余力,可替本官派人去东边的临黄(今河南范县南)等地报个信,让他们赶紧把修城的事都停了,正式公文随后就送过去。"

县令的心放了下来,答应一声,急忙下去安排工作。狄仁杰则坐上马车,又火急火燎地向北赶去。

独孤思庄还在城里安排着城防,突然就听手下人汇报说狄仁杰已经快到城外了。独孤思庄没想到狄仁杰会来得这么快,连忙把手头工作交给了手下,自己则带着长史、司马等属僚出门迎接。等走到城门口,独孤思庄刚好看到狄仁杰的马车停下,狄仁杰从马车里出来。独孤思庄连忙上前扶住,照理说二人都是刺史,只是前后任,独孤思庄本来不用这么客气,但是狄仁杰是当朝名臣,深受武则天重视,说不准哪天又被调回朝廷任宰相了,所以独孤思庄自然不敢怠慢。

狄仁杰脸色很不好,一下车劈头盖脸就问道:"独孤刺史,这周围的农田都是怎么回事?这眼看要十一月了,我看有些田地连种都没下。"

独孤思庄说:"回狄使君,这事是我安排下去的,因为契丹犯境,为保百姓无虞,便让所有人都退到城里来了,既保安全,也可帮助修筑城防。"

"胡闹!"狄仁杰断喝一声,"契丹可到魏州境内?契丹还没到你就如此大费周章、劳民伤财。现在正是麦子播种的时节,你让百姓都躲到城里来,明年的粮食怎么办?魏州百万人口吃什么?你可知道你这昏着儿明年要饿死多少百姓?"狄仁杰当着这一众属僚的面,把独孤思庄批评了一顿。

独孤思庄大气不敢出,头都快要低到地上去了。等狄仁杰停下喘气的工夫,独孤思庄才解释:"狄大人息怒,我也是为了防备这契丹人,这魏州失不得啊……"

"你只管去让百姓恢复农事,若有差池,狄某一人承担!"狄仁杰打断独孤思庄的话,独孤思庄虽然失了面子,但一想自己总算逃离了契丹兵马的威胁,也不禁心里庆幸,于是让手下人赶紧按狄仁杰的盼咐去办,尽快通知魏州各地,停止修筑城防,让百姓投入耕种。

至此,狄仁杰正式开始治理魏州。他立刻安排百姓抓紧时间抢种,因为独孤思庄的错误决策,魏州的农事耽误不少,狄仁杰派人往各县取消独孤思庄的命令,督促他们抓紧时间把耽误的补回来,对于那些劳力有限的村子,狄仁杰还让官府派人前去帮扶。

防御契丹之事狄仁杰也没有落下,他安排了五班斥候,加紧对州境的巡逻侦察,同时密切跟北部贝州的联系,确保契丹人南下时能第一时间得到消息。

同时狄仁杰还组织了人员加强州城的治安工作,搜寻清查契丹人的探子。内外两步做下来,魏州一改独孤思庄在任期间的人心惶惶、混乱无序,变得人心安定、各项政策实施得井井有条,魏州的军民对抵抗契丹人的入侵也有了更强的信心。契丹人探查到魏州的情况,也放弃了继续南下的计划。

当然契丹人没有继续南下,一是因为南下的通道魏州变成了一座坚固的堡垒,二则是因为武则天重新组织的大军已经到了。

第三节　安抚河朔

万岁通天二年（697年）三月，武则天又一次组织大军前来，这次由王孝杰为清边道总管，与苏宏晖率十七万大军再次杀向营州。王孝杰曾于长寿元年（692年）击败吐蕃，收复了大唐安西四镇，立下了大功。但是不幸的是，王孝杰三年之后又在吐蕃打了败仗，被贬为庶民，错过了此前对契丹作战。这一次，王孝杰是带着雪耻的目的来的。

而孙万荣故技重施，派了轻兵诱敌深入。王孝杰求胜心切，带着兵猛扑上去，契丹稍作抵抗，便装作不敌后撤，王孝杰紧追不放，兵至东硖石谷。此地与之前的黄獐谷一样，路窄山险，山谷边还有一个悬崖。见周军已入埋伏圈，契丹军回身杀来，伏兵同时发起攻击，两面夹击之下，周军大乱。身处后军的苏宏晖一看情势不对，立刻率部撤退，王孝杰则在力战中坠崖而死。

后续梯队的武攸宜此时驻兵蓟州渔阳（今天津蓟州区），听闻王孝杰兵败，甚至不敢前去接应败军，眼睁睁地看着契丹人绕过自己，袭击了幽州。而幽州守军也没想到挡在自己前面的武攸宜居然毫无动作，没有防备之下被契丹人攻破城池，契丹人烧杀掳掠一番后扬长而去。武攸宜试图派人阻截，结果又被杀得大败。

万岁通天二年四月，武则天只能再次增派大军，任命侄子右金吾卫大将军武懿宗为神兵道行军大总管，又任命宰相娄师德为清边道副大总管、右武威卫将军沙吒忠义为前军总管。娄师德之前一直在西线与吐蕃人作战,沙吒忠义也曾与突厥交过手,周军总兵力合计二十万,再次杀向契丹。

此时,先一步出发的武懿宗已经到了赵州(今河北赵县),而孙万荣之前派出袭击冀州的骆务整并没有撤退,而是一直在离赵州不远的冀州附近游荡,武懿宗听说骆务整的几千骑兵马上又要到冀州了,吓得往南撤退,契丹不战而胜,获得大量军需物资。

孙万荣此时驻守在营州老巢整饬守备,他在柳城(今辽宁朝阳)西北四百里的地方修了一座新城,把老弱妇孺和抢来的那些器械财物都安置在此,让自己的妹夫乙冤羽守卫。孙万荣还派了五个使者,到突厥默啜可汗那里去知会一声,称自己刚击破了大周名将王孝杰的百万大军,希望默啜可汗可以与自己一起发兵进攻大周。做完这些之后,孙万荣就前往幽州准备与周军决战了。

可是孙万荣万万没想到,偏偏就在这几个使者身上出问题了,因为这五个人出发的时间不一样,结果有三个人先到,把孙万荣的意思一说,默啜大喜,赏了这三个人许多礼物。然后另外两个人到了,默啜觉得这两个人迟到,对自己不尊重,因此要杀他们,情急之下他们就把孙万荣的真实情形说了出来。默啜一听,与周军为敌哪有偷袭孙万荣后方划算?就让这两人带路,找到了孙万荣的新城,围攻三天,攻破了城池,劫掠而去。

孙万荣此时正在跟周军作战,消息传来,契丹军心几乎崩溃。而此时盟友奚族也投降了周军,契丹大败,大将何阿小被擒。孙万荣率数千骑逃跑，路上又遇到周将张九节，部下损失殆尽。孙万荣跑到潞水以东（今北京通县东）时，被家奴斩首献于朝廷。

契丹之叛就此平定，虽然时间仅仅一年，但这场叛乱却给河北大地带来了巨大的灾难。契丹四处掳掠，河北州县形同虚设，朝廷的军队根本没有进行过像样的战斗。

而武懿宗在面对契丹人时畏若虎狼，可面对无辜百姓时，却十分残忍：凡被契丹胁迫北去，又逃回故乡的百姓，都被武懿宗定为叛逆，史书记载他对这些百姓"总杀之，仍生刳其胆，后行刑，血流盈前，言笑自若"。武懿宗在正面战场的表现极差，因此杀良冒功，向武则天复命。

鉴于河北民生残破、凋敝的状况，武则天急需派大臣前往安抚。而在这样一片满目疮痍的河北大地上，狄仁杰治理下的魏州显得格外引人瞩目，由于他及时阻止放弃生产、盲目备战的措施，魏州百姓的生活并没有受到很大的影响，不仅保持了难得的安宁，而且在经济发展上也有了起色，这种突出的表现自然也被武则天看在眼里，于是战争结束后，武则天决定调狄仁杰与武懿宗和娄师德一同安抚河北。

三位大使分道巡抚河北，武懿宗仍然继续按他杀良冒功的方案行事，回到洛阳之后，上奏要把河北被胁迫的百姓全部灭族，若武懿宗这个提议得以执行，河北人恐怕要被屠戮干净。于是有人忍不住出来斥责武懿宗，左拾遗王求礼当场质问他："你带着十多万大军，望风而逃，要不是因为你撤退如风，河北怎么会被搞得遍地都是贼徒,现在你反倒要告这些手无寸铁的老百姓,要说不忠,我看你武懿宗是第一个,先杀了你向河北百姓谢罪才是首要之事。"王求礼的话句句戳在武懿宗软肋上,武懿宗被骂得无言以对。其他大臣同时劝谏,武则天也就没听武懿宗的荒唐主意。

而狄仁杰和娄师德则是踏踏实实地做好朝廷交代的事,招抚流亡,恢复生产,赈济百姓,整顿吏治,恢复社会秩序。

在整个河北的安抚工作中,有一件事让三个安抚使产生了很大的分歧,就是对契丹降将骆务整和李楷固的处理。骆务整在战争期间两次袭击冀州,把武懿宗打得落荒而逃。李楷固也多次击败周军,这两人是契丹的骁将,没少杀周军将士,后来孙万荣兵败被杀,二人穷困不能自保,选择向周军投降。

如何处置二人,三位安抚使发生了分歧。武懿宗作为二人的手下败将,对他们恨得牙痒痒,极力主张处死二人。娄师德虽然是个厚道人,但他麾下有不少官兵死在二人手中,要娄师德给二人求情,他怎么对得起死去的将士,因此他也不主张接受二人的投降。狄仁杰虽然没和二人打过交道,但此时契丹确实大势已去,这两人的投降必定真实,而且他们确实是当前朝廷急需的军事人才,于是提出赦免二人,为朝廷所用。三个人争执不下,于是狄仁杰提出上书请示武则天,娄师德出于好心,提醒狄仁杰这事恐怕要惹陛下不高兴,狄仁杰说:"只要是对国家好,狄某行将就木之人,岂会在意一己之身呢?"听了这话,娄师德也不禁对狄仁杰肃然起敬,于是改变了态度,支持狄仁杰。

武则天本来也十分痛恨这二人,朝廷里的大多数意见也是应该让这两个人付出代价，株连全族。但狄仁杰说，这两个人是难得的勇将，并非什么狡诈之徒，既然能够为孙万荣所用，只要武则天能够以德报怨，那他们一定知恩图报，为我所用。

惜才的武则天看到狄仁杰的奏章，气也顺了，很快批准了狄仁杰的建议，同意二人受降，并封李楷固左玉铃卫大将军，骆务整为右武威卫将军。二人也非常对得起狄仁杰和武则天的赏识信任，后来在边境大破契丹。

有意思的是，狄仁杰这一次招抚，收获的不止两位悍将：李楷固有一个女儿，后来嫁了一个叫李楷洛的人，而李楷洛之子便是"战功推为中兴第一"、获赐铁券、名藏太庙、绘像凌烟阁的李光弼。李光弼与郭子仪联手，平定了安史之乱，挽救了大唐江山，就是说，狄仁杰招抚李楷固，竟然为六十多年后的大唐留下了一笔宝贵的财富。

狄仁杰完成安抚任务后，并没有回到魏州刺史任上，而是被提拔到了幽州都督的位置。狄仁杰在魏州任刺史不到一年，但是因为其积极恢复生产、稳定社会秩序，使得魏州得以成为当时河北大地上极少数的乐土。得知狄刺史要走，魏州百姓泣涕彷徨，奔走相告，甚至有人向朝廷上书请求让狄刺史留下来，但都没能得到批准。魏州百姓为了纪念这位爱民如子又恪尽职守的刺史大人，像其他狄仁杰主政过的地方一样，集资为他修建了一座生祠，供后人敬仰膜拜。

第七章 国之重器

第一节 再度拜相

完成安抚河北的任务后,狄仁杰没有南下复命,而是留在了幽州担任幽州都督。

幽州就是今天的北京一带。在幽州北部,有燕山山脉,南部则是一马平川的华北平原,外族一旦越过这一屏障,就能很轻松地横行于河北,因此幽州一直就是历代中原王朝阻挡北部民族的北大门,《读史方舆纪要》称幽州是"据天下之脊,控夷夏之防,巨势强形,号称天府"①。

幽州独特的战略位置,也使得幽州成为边乱的重灾区,战争对幽州的破坏非常严重。幽州又是镇抚北方和东北民族的战略重

---

① [明]顾祖禹:《读史方舆纪要》,中华书局,2005年版。

地,安定幽州,才能更好地确保大唐北部和东北的安定。鉴于狄仁杰此前已在此地进行了安抚工作,对这一地区的治理已经有了经验,于是武则天决定让他就地转为幽州都督,以图尽早恢复此地的政治经济秩序。狄仁杰到任后,一方面招抚当地流亡百姓,让其返乡,一方面奏请朝廷减免当地租调,以尽快恢复生产。在保证生产的同时,狄仁杰还对边防事务进行了一系列整顿,包括修缮防御工事、增派巡防斥候、加强对突厥及契丹的情况调查、对境内的异族进行安抚等等。

这几个月的时间虽然不长,史料也缺乏相关记载,但是狄仁杰的工作成果无疑是让武则天满意的,因为没多久武则天就派人赏赐狄仁杰紫袍、龟带。武则天亲制"敷政术,守清勤,升显位,励相臣"十二个金字于紫袍之上,周围以五色双鸾环绕。紫袍是三品以上官员的服饰,而武则天题的这几个字,也暗示着武则天即将重用狄仁杰。

果然,当年,即神功元年(697年)闰十月甲寅,狄仁杰被任命为鸾台侍郎,与同时升为凤阁侍郎的杜景俭同时拜相。自长寿元年(692年)被贬为彭泽县令后,狄仁杰时隔五年再一次拜相,回到了中央。

杜景俭也是当时难得的好官良臣,常年从事司法工作,在酷吏横行的年代,他和徐有功是为数不多坚持公正执法的司法官员,为人厚道,武懿宗提议要族灭河北被胁迫百姓的时候,他也曾站出来反对。

而在同一年,另一个人也重新回到了朝堂,他就是**魏**元忠。

魏元忠被贬之后，很多大臣认为他是被冤枉陷害的，就跟武则天说情讼冤，武则天又把魏元忠提拔成了肃政中丞，肃政中丞就是御史中丞，是魏元忠被来俊臣陷害之前的官职。

狄仁杰和魏元忠被酷吏陷害过，现在一个拜相，一个官复原职，杜景俭执法公正，也被拜相。这种种迹象综合起来，大致可以得出一个结论：臭名昭著的酷吏集团和酷吏政治即将被扫入历史的垃圾堆了。而在这之前不久，酷吏集团的代表来俊臣已经被武则天清理。

来俊臣在成功陷害狄仁杰等人后，自己也短暂地被罢职，但武则天仍然需要来俊臣帮助自己打击异己，于是没过多久又将其召回任合宫尉。在此期间，来俊臣又参与了一桩大案：箕州（今山西左权）刺史刘思礼与洛州录事参军綦连耀密谋造反，这件事很快就被武则天中后期一个比较重要的人物，明堂尉吉顼知道了，吉顼将此事告知来俊臣，两人一起把这件事上报武则天。刘思礼被抓后大肆攀连，而且专找海内名士，没多久，就牵出了包括宰相、凤阁侍郎李元素，夏官侍郎孙元亨，还有凤阁舍人王勮等三十六家。他们先后被屈打成招，这三十六家均被灭族，亲党被流放的多达千余人。在此期间，来俊臣因为利益关系，与吉顼反目。

来俊臣持续作恶却无人敢于制裁，他的野心也越来越大，不仅跟原来的武承嗣等武氏诸王分道扬镳，还和太平公主、张易之等人闹了矛盾。来俊臣甚至打算诬陷武氏诸王、太平公主、皇嗣李旦、庐陵王李显、张昌宗和张易之等人谋反，想要谋取更大的权力。后来,他的阴谋被卫遂忠揭发,武氏诸王、太平公主、张氏兄弟等人对他又恨又怕,本来这些位高权重的人素有嫌隙,但此时大家迅速团结起来,开始对付来俊臣。来俊臣贪污受贿、结党营私等罪证多如牛毛,数不胜数,很快有司就给来俊臣判了死刑。但是到这个时候,武则天仍不想杀来俊臣,因此死刑奏疏送上去三天,武则天也没做出批示。

这时,吉顼发挥了作用。有一天武则天在宫苑里骑马,吉顼帮她牵着马,武则天就问吉顼:"吉爱卿,大臣们最近在议论些什么,说给朕听听。"

吉顼说:"并无大事,只是大家都好奇来俊臣的死刑奏疏为何还未批准,一些大臣已经颇有说辞。"

武则天有些尴尬地说:"来俊臣对国家还是有功的,对他如何处置,朕还需再想想。"

吉顼趁热打铁:"于安远当年告虺贞谋反,后来虺贞真的谋反了,但现在于安远还是一州司马,这才是对国家有功之臣。来俊臣告了这么多人,何曾有人真正谋反?统统都是诬告,他自己却靠此敛财,家资无数,这就是国家的蛀虫,来俊臣一日不除,国家一日不安啊。"

武则天听完吉顼的话,终于意识到来俊臣已是万人唾骂,民怨极大,于是顺水推舟地批准了,这个恶贯满盈的酷吏终于迎来了他的末日。处死来俊臣之后,整个洛阳城的百姓都争相去剐他的肉,很快这个酷吏只剩下了森森白骨,行刑现场惨不忍睹。

来俊臣的死和酷吏集团的覆灭,为狄仁杰、魏元忠等人重新被起用创造了条件。但是就狄仁杰来说，他重登相位，还离不开一个人的帮助，这个人就是娄师德。娄师德天资聪慧，在二十岁就考中了难度极高的进士科。娄师德在史料中第一次崭露头角是在李敬玄出击吐蕃的时候，李治下诏招募猛士从军参战，娄师德主动报了名。等李敬玄兵败的时候，士兵溃散逃跑，而娄师德临危不乱，一路收集败兵，使军队逐渐稳定下来。李治称赞娄师德不仅有军事天赋，而且颇具应变之才，于是派他出使吐蕃。娄师德在吐蕃软硬兼施，暂时止住了吐蕃人的攻势，被封为殿中侍御史，同时兼任河源军（今青海西宁）司马，监管屯田之事。直到河北契丹造反，王孝杰战死，娄师德被起用出征河北，最终平定了契丹的叛乱。

娄师德为人宽宏乐观，他与狄仁杰此前的接触并不太多。直到在平定契丹叛乱的战争中，娄师德在经过狄仁杰治理的魏州时，看过河北满目疮痍的州县，再看看安定繁荣的魏州，这种对比让娄师德对狄仁杰产生了认同和尊敬之情。后来在和狄仁杰分道巡抚河北的时候，娄师德又看到了狄仁杰不惜得罪武则天，力保李楷固、骆务整二将，那种为国为民不顾自身安危的精神感动了他。

河北之行拉近了两个能臣的距离，也让直率的娄师德为狄仁杰抱屈：如此杰出的人才怎么能只做魏州刺史呢？于是回朝之后，娄师德就向武则天举荐狄仁杰。当然，娄师德性格谨慎，绝不会在此事上表现得过于积极，只是在武则天向他问起狄仁杰的时候，顺着武则天为狄仁杰说几句好话，丝毫没有让武则天起疑。武则天其实早就有再度提拔狄仁杰的想法，于是等河北安定下来，武则天立刻一纸诏书，将狄仁杰召回了中央，担任鸾台侍郎，并拜宰相。

武则天本没多想，但当狄仁杰回到了中央之后，武则天突然意识到狄仁杰和娄师德在河北一起办过差，又联系到娄师德之前说过狄仁杰的好话，这让多疑的武则天不由得不去想：二人私下会不会有超过同僚关系的友谊呢？

于是在一次散朝之后，武则天装作若无其事地问狄仁杰："狄卿家，你看娄师德这人怎么样？"狄仁杰被武则天问得莫名其妙，但是多年仕宦的经历让狄仁杰本能地意识到事情并没有这么简单，多年磨炼出来的谨慎让狄仁杰猜到武则天很有可能是因为二人共事的经历对他们的关系产生了怀疑，狄仁杰不清楚娄师德在这期间有没有举荐过自己，但当下最重要的就是澄清二人的关系，打消武则天的疑虑。

想到这里，狄仁杰定了定神，回道："启禀陛下，恕臣直言，臣与娄大人共事过，他当个将领守卫边境是合格的，但是在朝中处理政务恐怕……，是心有余而力不足。"

武则天没想到狄仁杰对娄师德的评价这么低，但仍然不动声色，说："我看他倒很有识人之明，是个宰相之才。"

狄仁杰脸上略微显现出惊讶的表情，说道："哦？臣在河北与他共事过，并未觉得他有什么识人之才啊。"

此言一出，武则都忍不住为娄师德抱不平了，她这会也忘了自己是怀疑这两个人的关系，说道："狄卿啊，朕实话告诉你，这次再度拜你为相,娄师德数次推荐,狄卿你为何如此轻视于他呢?"说罢,还要去找娄师德当初的奏疏给狄仁杰看。

看到武则天着急了,狄仁杰这才放下心来,他知道保全自己和娄师德的手段奏效了,但表面上,狄仁杰还要做出恍然又惭愧的表情,说:"娄公大德啊,我受了他的恩惠还不知道,看来臣是大大不如娄公啊。"武则天也没责怪狄仁杰,反而笑着安慰狄仁杰:"狄卿,这也并非你之过,毕竟你和娄卿交往也不多,不了解也是正常的,还望你们日后多多合作,共扶我大周。"

狄仁杰也不敢再多说,行礼告辞,这一关总算是过去了。

狄仁杰二次任相的三年时间(697年10月—700年10月),也是狄仁杰人生的最后三年,但是狄仁杰并没有因为年迈而怠慢了宰相的职责,他积极参与朝廷决策,凡是重要军国大事,武则天都要听听狄仁杰的意见,后来狄仁杰去世,朝政有什么事不能决断,武则天都要叹气,说老天为什么这么早带走狄仁杰。

狄仁杰回京之后,武则天怜惜狄仁杰老迈,允许他上朝时不必行礼;本来宰相都要轮流去政事堂当值的,但武则天心疼狄仁杰,吩咐其他官员非军国大事不必叨扰狄仁杰,直接去狄仁杰府上请示,政事堂的值班也免了。

对于武则天的这份厚爱,狄仁杰非常感激,在国事上也鞠躬尽力。但狄仁杰并不会无原则地顺从武则天,只要是他认为武则天的做法不妥,就一定指出来,而且还在朝堂上直接跟武则天争辩。

比如对待佛教,武则天的母亲杨夫人就是佛教徒,因此武则天从小耳濡目染，后来长大入宫，又在感业寺中吃过一年多的斋，受到了熏陶。之后，她又利用佛教《大云经》中关于女子称帝的说法，为自己称帝制造舆论。当上皇帝之后，武则天又极力用佛家思想塑造自己的权威形象，比如她给自己加封的"慈氏越古金轮圣神皇帝"号，就是弥勒的佛王号。武则天又大力扶持佛教，不仅把李家奉为祖先的老子的帝位撤掉了，还规定佛教地位在道教之上，僧尼地位在道士之前。

狄仁杰作为一个接受儒家思想教育的传统士大夫，自然是不信什么佛道的，当年狄仁杰巡抚江南，拆的庙就有一千多座，其中不乏佛教寺庙。

在第二次拜相之前，狄仁杰大多数时候都是在为武则天四处奔波，也很少有机会接触到武则天的个人信仰。但是在第二次拜相之后，狄仁杰终于看到了武则天对佛教的态度。

圣历三年（700年）四月，武则天打算去三阳宫避暑，有一个胡僧上书邀请武则天去山寺看葬舍利，狄仁杰上疏表示反对，他的理由主要有三点：第一，佛本来只是"夷狄之神"，而武则天则是天下之主，怎么能屈尊去看夷狄的神呢？第二，这些胡僧素来狡猾异常，请武则天去就是想利用武则天的地位、威望，好给他们造势骗钱，居心不轨。第三，这山寺道路狭窄，护卫工作不好安排，万一遇上刺客怎么办？狄仁杰的这三个理由，不是直接否定武则天说她所信佛教乃是虚妄之事，而是站在武则天的角度，说如此这般对她不好，非常注意她的感受。所以这一次武则天也很愉快地接受了，还非常给狄仁杰面子地说："我成全狄卿直臣的名声。"

同年闰七月，武则天打算建造一尊大佛像。作为一个信佛的皇帝，武则天以前就造过这种大佛像，比如当年修明堂的时候，薛怀义就在明堂北面造了一座高九百尺的大佛像，这些大佛往往以黄金、珍宝装饰，一座大像造下来，耗费的金钱不计其数。为了防止大臣反对，武则天命令全国僧尼每人每日出一钱，武则天的想法是，若动用国库，则大臣必定以此为借口提出反对。那么这一次只要不动用国库收入，大臣便无借口反对。但是大家都知道羊毛出在羊身上，天下僧尼礼佛念经、不事生产，僧侣的收入也是多半依赖天下的佛教信徒，是从他们那里化缘得来的。

此时的狄仁杰距离生命的终点已经不远，但是知道这件事后，仍然强撑病体给武则天上了一份《谏造大像疏》。狄仁杰的主要论点就是建造佛像以及相关设施，动用大量人力物力，劳民伤财，而且佛教如果太过发达，不纳税的僧尼数量众多，那么纳税百姓的负担就加重了。加之最近数年战事频繁，百姓的日子本来就不好过，如今又让百姓不顾农事来建造佛像，恐怕耽误了农业生产，这又怎么符合佛教慈悲为怀的教义呢？这份奏疏不短，狄仁杰把道理讲给武则天，就像一个勤恳的老管家对女主人的劝告。武则天看了奏疏，的确暂停了这项工程，但大概率是看在狄仁杰的面子上暂停了，因为她在此事过后仅几个月的时间内，就又一次提出要造佛像，并很快筹到了十七万钱，但是在李峤等宰相的劝阻之下未能施行。之后，武则天仍有造佛像的企图，不过随着神龙政变爆发，武则天被迫下台，造佛像之事也就不了了之了。

第二节　定边之策

在李治时期,大唐的版图急速扩张,但同时也在四周边境埋下了很多隐患。西边的吐蕃在发展,不断与大唐争夺土地。北边有突厥,也经常骚扰大唐的边境。就连东北的契丹和奚族也数次起兵造反。

唐朝在天山以南设置安西四镇,即龟兹(今新疆库车)、于阗(今新疆和田)、疏勒(今新疆喀什)、碎叶(今吉尔吉斯托克马克北)四个军事重镇。随着吐蕃的崛起,安西四镇在咸亨元年(670年)一度丢失,一直到武则天时期,在唐休璟的建议下,武则天任命名将王孝杰为主将讨伐吐蕃,经过激烈的战斗,最终收复了安西四镇。但是吐蕃一直觊觎大唐边境疆土,此后双方发生多次冲突,王孝杰和娄师德都曾在与吐蕃的战争中失利。在双方的对峙中,朝廷更多时候是处于被动之中的,吐蕃是游牧民族,局势有利,他们就骚扰进袭,局势不利,又可以全数退到青藏高原之上。唐(周)军却无法攻上青藏高原,将吐蕃斩草除根,但要保持在这一地区的军事优势,既要安排大量的军府士兵来此戍守,又要长年向此地运输大量的粮饷,这些巨大的开支对朝廷的财政造成了巨大的负担,而这些负担最终又要转移到老百姓身上去。

在这个背景之下,狄仁杰就吐蕃、突厥所带来的边境问题向武则天上了一道奏疏。在这道奏疏中，狄仁杰首先指出国家现在的疆域已经远远超过上古三代，甚至超过了汉朝。其次，费力保全边境那些零散土地，一不能得赋税，二不能耕种，这是非常不明智的，当年秦始皇、汉武帝就是这么做的，结果秦始皇身死国灭，汉武帝使国家空虚。

接着，狄仁杰话锋一转，说最近国家东西均有战事，各种调发、赋税已经快把国家掏空了，要是再碰上水、旱、蝗灾等，到时候国家该如何应对呢？如果饥馑严重、赋税苛杂，那么百姓必定会反抗，威胁到朝廷统治，为了边境的几块小土地，这样做是不是得不偿失呢？

狄仁杰也提出了解决办法，那就是"以夷治夷"，西突厥可汗阿史那斛瑟罗现在就在洛阳，把突厥部落迁到那里去，让突厥防御吐蕃，让游牧民族抵御游牧民族，这样防御力量也有了，国家也不用运粮食了，一举两得。

此外，狄仁杰在奏疏中还根据自己任幽州都督时了解的情况，提出了边境防御的一些建议，主要是以积极防御为主，修筑边境亭障等防御设施，同时增加巡逻斥候，提高信息搜集能力，养精蓄锐，同时坚壁清野，让敌人无所获取。这样一来，敌人就不会再来了。

狄仁杰在此之前经历了契丹之乱，又深入河北一线组织安抚流民、恢复生产的工作，经常见到百姓为了应付赋税和差役而倾家荡产甚至家破人亡，应该说这封奏疏的出发点就是为了减轻百姓的负担，同时减少国家的财政压力。但是我们从全局来看，狄仁杰这封奏疏是有待商榷的。

首先，安西四镇真的是无用之地吗？虽然从当时的情况看，天山这一带地广人稀，但是安西四镇的设置，对于维护丝绸之路和促进文化交流都有着重要的意义。而且在中国古代，西域地区的战略价值是大于经济价值的。当时狄仁杰上书之后，崔融就提出了反对意见，他主要从两个方向进行考虑，一是西域地区有什么用，二是朝廷在此地的花费是否值得。崔融指出西域地区是重要的战略缓冲地带和牵制点，只要西域在，周边的游牧民族就不敢轻易入侵中原。汉朝前期，跟匈奴一直打得很艰难，直到汉武帝时期，通了西域之后，犹如断了匈奴一臂，匈奴才日渐衰落。高宗李治时，安西四镇多次被废置，被吐蕃占领后，吐蕃军队愈加频繁犯边，朝廷更加不得安宁了。武则天收复安西四镇后，现在派兵驻守，只是防御性质的，如果因为放弃了西域导致吐蕃入侵，那么再动员全军，调动军队、辎重的费用，军队的军饷抚恤将不知是现在的多少倍。崔融认为，现在守安西四镇的费用虽然多，但如果能够防微杜渐、防战止战的话，还是很值得的。

崔融的建议，在后来的历史中得到了验证。安史之乱时，大唐将西域驻军调回参与平叛，随后吐蕃逐渐侵占了这一地区，从此大唐的西部边境便再无屏障，吐蕃毫无顾忌地长驱关中，大唐不得不每年都从关东调军队到西边来防备吐蕃的入侵。由此带来的军费开支也是一笔不小的数目。

其次，狄仁杰说的方法，即让突厥人去镇守是否可行？实际上，狄仁杰为了说明自己的方法可行还举了李世民任命突厥人李思摩回故地镇守的例子，但这是个反例，因为李思摩后来抵挡不住薛延陀，孤身一人又跑回了长安。至于狄仁杰说让阿史那斛瑟罗去守安西四镇，那就更不足论了，之前阿史那斛瑟罗势力最大的时候，控弦十余万，结果被东突厥默啜可汗打得灰头土脸，带着残部六七万人又跑回内地，再也不敢返回突厥故地，而且那时候还有驻防官军协助他，现在让他一个人带兵去守四镇，他有这个能力吗？他敢回去吗？所以很显然，狄仁杰提的这个建议是很缺乏可执行性的。

而武则天和朝中多数人的意见与崔融是一致的，认为保留安西四镇比放弃要好，因此狄仁杰的这封奏疏并没有被批准。不仅如此，武则天还考虑，西域悬远，大部分的给养辎重都需要内地运输，如果有一个熟悉营田事务的官员去西域负责就地屯田，解决一部分后勤问题，一定能很好地缓解财政问题，对安西四镇的安定大有帮助。武则天想到了娄师德，娄师德常年驻守西境，有丰富的作战经验，加上之前管理过营田，实在是非常合适的人选。于是这个举荐狄仁杰没多久的文武全才，又被武则天派去了西域。

虽然这一次，武则天没有听从狄仁杰的建议，但狄仁杰并没有气馁，在平时的工作中仍然勤勤恳恳，干劲十足。老天好像还不想让这个六十九岁的老人闲下来，当年（圣历元年，698年）六月，多灾多难的河北又发生了一件大事，狄仁杰又强撑着日渐衰老的躯体，再一次踏上了"救火"之路。

第三节 国老出征

　　这件事还要从大唐北边的突厥说起。东突厥衰落之后,一个出身突厥贵族的首领骨咄禄崛起,他趁着大唐内部多事,无暇北顾,多次袭击大唐边境,并逐渐在突厥故地聚集起了一股不容小觑的势力。到武则天天授年间,骨咄禄病死,由骨咄禄的弟弟默啜继位,他自立为可汗,后来还把西突厥可汗阿史那斛瑟罗赶到内地,势力进一步扩张,并不断骚扰武周边境。长寿三年(694年),武则天曾派一支大军去进攻默啜,但是无功而返。

　　在此期间,默啜时而求和,时而造反,他帮武则天对付契丹人,也多次袭击掳掠边境。后来武则天不堪其扰,按照默啜的要求,送了突厥一大批谷种、丝绸、农器、铁等物资,并在圣历元年(698年)六月与其联姻,由武承嗣的次子、淮阳王武延秀,迎娶默啜的女儿,阎知微和右武卫郎将杨齐庄等人携带着金帛礼品,随行前往。

　　八月戊子,一行人终于到了突厥牙帐,结果默啜又临时变卦,说:"可汗的女儿是要嫁李家天子的儿子,你们怎么把武家的小子弄来糊弄我?我们突厥世世代代受李家厚恩,现在我听说李家尽灭,只剩下两个儿子,我要发兵帮李家子孙拿回帝位。"之后,默啜将武延秀关了起来,向大周发起了进攻。默啜把已经叛节的阎知微封为"南面可汗",并率众十余万南下袭击静难、平狄、清夷等军，静难军使左玉钤卫将军慕容玄崱以五千人归降，默啜实力大增，随后进犯妫（今河北怀来）、檀州（今北京密云）等。

在狄仁杰入朝没多久时给武则天上的那份奏疏里，除了提到放弃安西四镇和安东都护府这两件事外，还特意就边境防御提出了自己的主张。其中提到了应该多修烽火亭，增派斥候等事宜，这些措施在娄师德任职之前的河源军也实行过，效果很不错，狄仁杰应该就这个问题与娄师德交流过，在这个基础之上，狄仁杰结合自己的经验和北方游牧民族的特点，总结出积极防御的军事策略方针。如果能够完全执行，应该是会有效的。

可惜的是，狄仁杰的一系列建议并未得到具体的落实。突厥犯边的消息传到刚刚被契丹侵犯过的河北，各地还是采取独孤思庄一样的策略，把老百姓都拉到城里来修城，城外所有的财物、庄稼都放弃。只有当时还是卫州（今河南卫辉）刺史的敬晖采取了和狄仁杰当年一样的措施。而其他州驱民修城，耽误了播种，使得次年的收成大受影响，百姓无粮可食，这给河北战后恢复造成了很大的麻烦。由于这种消极防御的错误策略，还有阎知微这样熟知朝廷内情的内奸，突厥在河北大地纵横往来，毫无阻滞，甚至还在城外抢到许多粮草给养，官军的征讨难度大大增加。

得知突厥入侵的消息，武则天也做出了应对：任命司属卿武重规为天兵中道大总管，右武卫将军沙吒忠义为天兵西道总管，幽州都督张仁愿为天兵东道总管，三十万大军分三路讨伐默啜，为保万无一失，武则天又命左羽林大将军阎敬容为天兵西道后军总管，率军十五万为预备队。

在这支队伍中，沙吒忠义此前已经提过，此人久历沙场，作战经验丰富。张仁愿之前随同王孝杰在西边与吐蕃作战，后来接替狄仁杰任幽州都督，是个文武兼备的将领。阎敬容之前是檀州刺史，当年李尽忠、孙万荣起兵造反时，檀州兵力不多，但阎敬容不仅没让敌军从他这里过去，在契丹撤退的时候还进行了阻击。

总体来说，周军除了武重规外，都是拥有较为丰富作战经验的将领。但是默啜非常狡猾，他知道周军兵力强盛，领兵的将领也比较有实力，因而没有选择正面交战。周军虽然兵力强大，但是想要彻底消灭默啜是不可能的，因为不管是汉武帝时期的卫、霍还是唐太宗时期的李靖，他们对游牧民族取胜的关键都是充分利用战场情报，找到敌军的老巢位置，然后以强大的骑兵发起突袭，长途奔袭，彻底击垮敌军的核心中枢。而此时周军虽然兵多，但是骑兵数量不足，行动缓慢，既没办法找到突厥的老巢位置，也无法与默啜的主力进行决战。因此，虽然朝廷派出了大军，但是河北人民仍在突厥的铁蹄之下饱受蹂躏，艰难求生。

而且此时河北战局一片混乱，周军虽然兵多，但群龙无首，缺乏统一指挥，就像一个反应慢半拍的巨人一样，战场上处处受制于机动灵活的突厥骑兵。而在战场之外，募兵工作进行得也不顺利，这些年朝廷四处征战，却败多胜少，尤其是对契丹的两场战败，极大地打击了将士们出征塞外、立功异域的热情，百姓们也对朝廷的军事行动不看好，所以朝廷征兵时，应征之人寥寥无几。这把武则天急得数日夜不能寐。

在这种情况下，武则天向河北增兵之余，也意识到此时更重要的是选出一个威望足以定军，能够把河北的诸军协调起来统一调配，同时名声足以安民，能够唤起百姓对朝廷信心的人出征挂帅。在此之前，李显已经在狄仁杰等人的努力下，重新成为太子①，于是在左威卫将军薛讷的建议下，武则天最终决定让李显来担此重任，除了鼓舞军心民心，还能使默啜以扶李显继位而出兵的借口不攻自破。

武则天在任命李显为河北道元帅的同时，又任命狄仁杰为河北道行军副元帅，尚书右丞宋元爽为长史，右台中丞崔献为司马，左台中丞吉顼为监军使。

这个决定一传出，效果立竿见影，百姓们听说是太子亲自挂帅，之前一千人都招不满的募兵处瞬间火爆起来，几天不到就有超过五万人应募。李显作为李治继承人的声望仍然是存在的，天下百姓无不相信，只要有李氏子孙领军，军队就还是战无不胜的，而且太子出征，也足以说明朝廷对战争的决心。这也充分显示了此时天下百姓仍然是怀念李氏大唐的。

当然，李显出征不过是提振士气的幌子，等狄仁杰率军出征的时候，李显又突然身体不适，要稍晚才能启程，大军由狄仁杰知元帅事，实际领兵出征。武则天亲自把狄仁杰送出了神都洛

---

① 李显被立为太子事件发生在突厥默啜可汗起兵之前，但是为保持叙述的连贯性和完整性，我们把具体的经过放在下一章节展开。

阳，大军浩浩荡荡向河北挺进。

突厥默啜可汗听说太子李显亲自出征，副元帅是武则天的重臣狄仁杰，知道武则天这次是势在必得，自己以扶李显归位为名起兵，现在武则天以李显出征，自己已经没有光明正大进军的借口了，反正这一次南征已经收获颇丰，于是准备打道回府。而四周的周军反应迟缓，且出于对突厥军队的惧怕，根本不敢交战。因此默啜也不急，好整以暇地把这些抢掠而来的物资、人口整顿清点，准备带回草原大漠。

结果没过几天，默啜就得到斥候报讯，说狄仁杰统率的大军已经过了黄河，到了魏州，眼下正在联络各路军队，东线的张仁愿好像准备向默啜后路迂回。听到这个消息，默啜坐不住了，好个狄仁杰，虽已是高龄，此次率军前来却仍然是迅若雷霆。眼下也来不及再慢慢整理了，他只得带上掳掠的财物人口迅速北撤，带不走的财物焚毁，带不走的人口就地屠杀，又制造了一大批惨案。

当时武周的几路大军组织无序，又互不统属，有的不敢追，有的追不上，无法对突厥形成多面夹击之势，默啜一路上都没有遇到阻拦，轻轻松松率军而去。等狄仁杰带着兵追来的时候，默啜已经不见踪影了。

这次面对突厥受挫，大大削弱了武周在周边民族心中的威望，他们也了解到昔日强盛的大唐已经不再强盛。此战过后，西北诸族纷纷归附突厥，默啜拥兵四十余万，地方万里，此后更是年年入侵，视武周边境如无物，一直到长安三年（703年），默

第七章 国之重器

啜再次遣使入京请求和亲,这一次武则天不敢再用武氏子弟,而是让使者在李显之子李重俊、李重明之中选一人为婿。此后双方达成和亲,武周北部边境局势才缓和了一点。

再说狄仁杰率大军星夜兼程赶到河北,没有抓到默啜,却找到了被默啜封为南面可汗的阎知微和前赵州长史唐般若等叛变之人,原来默啜压根没想收留这些软骨头,只想让他们充当突厥军队的炮灰罢了,他同样看不起这些人,于是撤回大漠之后,把这几个人留下来了,阎知微等人走投无路,被周军抓获。

见到狄仁杰后,阎知微等人磕头如捣蒜,拼命述说自己的不得已。狄仁杰看着这几个帮着突厥屠杀同族的败类,心里着实愤怒,但阎知微是阎立本的嫡亲侄孙,阎立本对狄仁杰有恩,狄仁杰并未出口责骂,只是把他们送回朝廷交武则天发落。武则天可没有这么多心思,直接命人在洛阳皇城外的天津桥上将阎知微处以磔刑(即凌迟),接着让百官乱箭射之,最后再割肉挫骨,诛杀三族。

武则天收到狄仁杰的战报后,再次任命狄仁杰为河北道安抚大使,不同于上一次与武懿宗、娄师德三人分道巡抚,这一次把安抚任务全权交给了狄仁杰。

突厥的这次入侵,对于饱经磨难的河北百姓来说无异于雪上加霜。在突厥入侵的前期,因为有扶庐陵王李显归位的名义,虽然突厥仍然会烧杀抢掠,但默啜也会顾忌一二,装模作样地进行招抚。等到李显受命就任河北道元帅,前来征讨默啜,突厥人放下了一切伪装,大开杀戒,所过之处鸡犬不留,给河北百姓带来了深重的苦难。而河北民众恃为救星的官军、官府同样把百姓逼得没有活路，为了抵御北方游牧的入侵，这些年来官府不断在河北抽调人力物力，很多百姓好不容易熬过了契丹、突厥的铁蹄，还要面对官府的催逼，加上战争期间各州采取放弃农垦、修筑城池的策略，导致这些地方的粮食绝收，百姓饿死者不计其数，可官府不会管这些，该交的还得交，交不出来就暴力催逼，被官府拷打至死的百姓也不计其数。不仅如此，驻军河北的官军也是如狼似虎，一些人奸淫抢掠比突厥人有过之而无不及，就连河北的一些官宦世家也被抢劫一空。有的百姓被逼无奈直接从村里逃了出来，跑到山上当土匪去了，有的在突厥人来的时候就直接投降，当了叛军。

就在这种情况下，朝廷里还有人主张要重重地惩处那些屈服于突厥人的百姓，好杀一儆百。这些人有不少都是河北官军的人，话说得冠冕堂皇，实际上他们在突厥入侵时畏敌如虎，等突厥撤退，却指望把这些被胁迫的百姓诬为反贼，好杀良冒功，多挣些功名。

好在当时武则天派出的安抚大使是狄仁杰，他对河北百姓遭受的苦难和那些尸位素餐之人的心思太清楚了，因此一到河北，他就给武则天上了一道奏疏，详细说明了河北百姓的惨状，一针见血地指出，河北目前混乱的根源不在外族，而在当地军政两方面的压迫，要解决这个问题，就好像治水一样，不能堵，只能疏，越堵反而会使漏洞越多，最终仍会崩塌。而只要朝廷下令，赦免河北诸州百姓，宽限对他们的征税，加以抚恤，河北一定能很快恢复。狄仁杰的奏疏一到，武则天很快就予以批准。

狄仁杰首先公布了武则天的赦免令，宣布不管是逃亡他处还是上山为盗的百姓，均可得到赦免，对于那些被突厥掳掠去又逃回来的人，狄仁杰也安排人员护送回乡。其次，狄仁杰对百姓承受的苛捐杂税进行了调查，并严查各地官员以修城、修缮兵甲为名目征收的苛捐杂税，一经查实，上报朝廷进行处理，经过清查减免，百姓的负担大大减轻。再次，由于河北多地因为战争耽误了农事，造成了大面积的饥荒，狄仁杰又通过开仓放粮、从其他各地征调粮食等手段赈济灾民，在调运粮食过程中，卫州作为河北州府，也贡献了一些粮食，狄仁杰问刺史敬晖原因，敬晖回答自己参照狄公当年治理魏州的经验，因而没有耽误农事，今年反倒有余粮。狄仁杰听完非常赞赏，也记住了这个叫敬晖的官员。当时各路大军都在河北，日常开销就是一笔不小的支出，狄仁杰为了减少河北的负担，派人把沿途的驿站都修葺一新，好让军队尽快班师撤退。同时狄仁杰还制定了严格的规定，不允许诸将和使者在各州随意征求供应，禁止各级官兵影响百姓的日常生活，如有违反，严惩不贷。经过这一系列的整顿，河北的局势终于慢慢稳定下来了。

此时武则天年事已高，精力大不如前，在这样的情况下，武则天更离不开狄仁杰帮助她处理政务了。因此河北的局势一见稳定，武则天就立刻把狄仁杰召回朝中继续担任宰相。

第四节 布局天下

圣历元年（698年）十月，狄仁杰完成安抚河北的工作后返回朝中时已经六十九岁了。而且由于数十年的四处奔波，狄仁杰早已疾病缠身，他认为自己恐怕是看不到李唐恢复的那一天了，此时李显已经被立为太子，只要确保他在武则天去世时仍然是太子，那么等李显继位，李唐江山自然就恢复了。因此，自己当前最重要的工作就是要找到一些心怀李唐又精明强干的英才，既能在朝廷立足，又能扶助李显避开武承嗣、武三思等武氏子弟的阻挠，顺利继位，把将来寄托在他们身上。

从河北返回后，狄仁杰去找武则天汇报这段时间在河北的工作，先说河北当时的状况，又说自己是如何处理的，当说到河北有些官员是如何借着战争名义横征暴敛时，狄仁杰郑重地告诉武则天说："陛下，河北这些地方的刺史问题很大，就说这两次北虏犯边，不知道还有多少像独孤思庄那样的庸官，终会贻害一方百姓。"说到这里，狄仁杰又想起了卫州刺史敬晖，于是又说，"不过陛下，卫州刺史敬晖、清河县令窦怀贞，此二人勤政爱民，百姓无不颂其德，日后可重用。"

武则天点点头，说："既然是国老所荐，我看夏官（即兵部）现在都是姚崇在管事，侍郎还有一个缺，就让敬晖去夏官任职吧。至于窦怀贞，且容朕思索适合何职。"这里武则天还有一个没说出口的理由，那就是夏官的最高长官夏官尚书是武攸宁，此人不学无术，没有任何为政才能，夏官中确实需要一些人才来做实事。

狄仁杰拱手道："陛下圣明。"武则天说的姚崇倒是让狄仁杰也想起来了，"陛下，姚崇我看也可以再加一些担子，老臣在河北的时候，看了兵部递过来的文件，姚崇明断审慎，有宰相之才。"武则天也表示赞同，说："国老你也是如此看吗？这个姚崇之前是夏官郎中，契丹入寇时，往来文书堆积如山，基本都是姚崇处理的，朕看了，断得是又快又好，就把他提做本部侍郎。既如此，我就让他和李峤一起拜相吧。"

姚崇是日后的大唐名相，自幼便颇有才华，很早就被选中担任李治之子孝敬皇帝李弘的挽郎，后任濮州（今河南濮阳）司仓参军，此后多次在兵部任郎中，由于善于处理军机事务，得到了武则天的赏识。

圣历初年（698年），武则天对身边的大臣说："昔年周兴、来俊臣等人负责制狱，朝臣反而互相告发谋反，朕怀疑有冤滥，也派过近臣考察，可都能拿到这些大臣亲自承认谋反的证词，朕因此多次批准了周兴他们的奏请。现在周兴等人已死，就再也没有听说有人造反，难道以前那些就刑被戮之人就没有蒙受冤屈的吗？"

姚崇回答道："自垂拱以来，被告身死家破者，皆是受酷吏罗织诬告，其为祸之大甚于汉代党锢。陛下说令近臣查问，可这些近臣也难以自保，何敢多言？受诬之人若翻案，又恐受酷吏迫害，因而也不敢翻案。现在陛下醒悟，诛除周兴、来俊臣等人，臣敢以身家性命阖家百口担保，内外官员无一人谋反，若今后有人谋反，臣愿担知而不告之罪名。"

武则天听后，十分高兴，之后更加信任姚崇。狄仁杰同样看到了姚崇内心的忠贞之志，二人也多有接触，此后狄仁杰更是推荐姚崇为相。姚崇颇有见识，后来在匡扶唐室的过程中起到了非常重要的作用。

但与姚崇相比之下，同样是被狄仁杰举荐的窦怀贞就显得非常不堪了，举荐窦怀贞也被视为狄仁杰识人方面的污点。

窦怀贞出身名门，其曾祖窦照在西魏文帝时为钜鹿公，祖父窦彦在隋朝时任西平郡守，其伯父窦德明随唐太宗李世民击败王世充，颇有战功，其父窦德玄在高宗时任左相。因为家族显贵，所以窦氏兄弟宗族皆好声色犬马，但窦怀贞与众不同，不仅注重个人修养，而且衣着朴素，行为检点。此外，窦怀贞还有一定才能，他在圣历年间（698—699年）任清河（今河北邢台）令，颇有政绩，闻名当时。此时正是突厥肆虐河北之时，狄仁杰以宰相身份出征河北，窦怀贞的能力给狄仁杰留下了深刻印象，因此回朝之后，狄仁杰就举荐了窦怀贞。武则天从善如流，此后提拔窦怀贞做到了越州都督、扬州大都督府长史，窦怀贞是有能力的，在任上以清廉干练著称。

窦怀贞作为一个世家子弟，不仅能干，而且异常清廉，他去世之时，家中仅有粗米数石，这在当时应该是非常难得的了。但是窦怀贞的仕途过于顺利，缺乏磨炼，这也使得他在登上高位之后，极其在意官场的得失，因此谄媚权贵，缺乏气节。景龙二年（708年）十二月，中宗命众臣入宫一同守岁，酒酣耳热之时，中宗趁着酒兴对窦怀贞说："朕听说爱卿久未成婚，朕颇为爱卿担忧。今天是除夕，我看就由朕为爱卿赐婚可好？"窦怀贞又惊又喜，唯唯答应。不一会，内侍就带着烛笼、步障、金缕罗扇等礼器从西廊而来，扇后有一人着礼衣、花钗随后而来。中宗命其与窦怀贞对坐，又命窦怀贞按照当时的礼节诵"却扇诗"，然后新人相见。罗扇撤去，众人才发现，"娇美新娘"居然是韦后之乳母王氏。王氏本是蛮族婢女，因韦后才得以封莒国夫人。中宗和众臣见此大笑，窦怀贞虽十分尴尬，却也不得不叩首谢恩。中宗此举本来非常失礼，但是窦怀贞此后每次上疏都要自称"皇后阿㚢"，因为当时时将乳母夫婿称为"阿㚢"，窦怀贞为邀宠中宗和韦后竟不惜自降身份，自称"阿㚢"，其无耻可见一斑。

此后宦官专权，窦怀贞身为御史大夫不仅无片言辅正，反而阻止下属监察御史魏传弓弹劾宦官。到玄宗李隆基登基后，窦怀贞进位左仆射，封魏国公，但参与了太平公主谋逆事件，失败后投水自杀，结束了其丑陋无耻的一生。或许由于窦怀贞之卑鄙无耻，《资治通鉴》等史书为狄仁杰讳，皆不言窦怀贞与狄仁杰的关系，只有《旧唐书》对二人关系的记载予以保留。

在过去几十年的仕途中，狄仁杰一直非常关注人才的选拔，尤其是当上宰相后，给武则天推荐了不少人才，除了姚崇，还有张柬之、桓彦范、袁恕己和崔玄暐等人，而这些人又是日后策划、发动神龙政变，推翻武则天的主力，可以看到，狄仁杰在晚年时,已经在武则天身边布下了一个局。

张柬之,字孟将。虽然中了较难的进士科,可是张柬之的仕途一直不见起色,一直到了六十三岁才当上青城(今四川郫县)县丞。不过张柬之非常乐观,永昌元年(689年),张柬之又去参加了朝廷的贤良方正科,这是一种官员竞争选拔的考试,遴选难度比较大,报名的就有一千多人,而张柬之取得了第一,被升为监察御史。这个时候张柬之已经六十五岁了。

这一年,狄仁杰刚刚从复州调回中央,任洛州司马。这一时期,武则天的酷吏政治方兴未艾,张柬之性格正直,但他也会审时度势,他知道这一时期参与政治太敏感。从史料来看,张柬之在这一段时间内基本没有参与政治,他把主要精力放在了学术研究上,唯一被记载下来的事就是和弘文馆学士王元感做了一次辩论会,写了一篇经学论文。这一时期张柬之的表现并不引人注意,而狄仁杰当上宰相没多久,就遭到了来俊臣的陷害,离开了朝廷。此后张柬之稳扎稳打,逐渐升到了凤阁舍人。

张柬之真正在历史上崭露头角是到了圣历元年(698年),在此之前,武则天和突厥默啜可汗达成了协议,并决定和亲。到了圣历元年六月,眼看着和亲该执行了,张柬之觉得不对,他认为自古以来就没有亲王娶夷狄女子的惯例,这不符合礼法,同时也表达了对默啜真实意图的怀疑。可是他的奏章中有一句话把武则天得罪了:和亲之事去年就已经决定了,满朝文武包括各位宰相都没提意见,张柬之一个五品官竟敢提出异议,岂不是卖直求名?于是武则天一气之下把张柬之贬到了合州(今重庆合川)任刺史。但是此后事情的发展并不如武则天的意,默啜撕毁合约,悍然发兵,这也在一定程度上说明了张柬之意见的正确。正是这一事件,使狄仁杰注意到了张柬之,看到了这个已经七十四岁的老官员的正直、勇气和眼光。

此后,狄仁杰就开始留意在外任官的张柬之,从他的奏疏到他的具体施政风格,狄仁杰发现这个张柬之就是自己要找的人。于是在一次武则天让他推荐人才的时候,狄仁杰毫不犹豫举荐张柬之。他说:"陛下别看这个张柬之年纪大了,却是个当宰相的料,您只要用他,一定会对国家有利。"武则天经过上次默啜之事后,本就觉得张柬之眼光独特,是个人才,这次又见狄仁杰推荐,于是就给张柬之升了官,将他调回洛阳,任洛州司马。武则天并没有按狄仁杰的建议提拔张柬之为宰相,大概是对他还不够信任。

过了不久,武则天又让狄仁杰推荐人才。狄仁杰却说:"陛下,上次推荐的张柬之您还没重用,为何又要新的人才呢?"

武则天说:"朕已经给他升了官,怎么能说没有重用呢?"

狄仁杰说:"陛下,我推荐的张柬之能当宰相,陛下今天让他只当一个洛州司马,太屈才了,这和不用没有什么区别。"

经过狄仁杰的两番力荐,武则天这才把张柬之提拔起来。在此后的观察了解中,武则天发现张柬之确如狄仁杰所说,有宰相之才,于是在狄仁杰去世后,将张柬之提拔为司刑少卿,此后又升为秋官侍郎。长安四年(704年),张柬之再被狄仁杰的另一个门生姚崇所荐,升任宰相。

另一位官员桓彦范，祖父桓法嗣是雍王府谘议参军。桓彦范性格豪爽慷慨，不拘小节，从小就喜欢结交豪杰之士，经常叫上一帮江湖朋友跑到荒郊野外聚会饮酒。由于桓彦范的父祖都是官员，所以桓彦范通过门荫当了右翊卫。经过几年军旅生涯的锻炼，慷慨豪爽的桓彦范更加疾恶如仇、行事果断。此后，天生聪明的桓彦范被提拔担任司卫寺主簿，这是负责宫廷警卫工作的，能够在这个职位任职，可以说明桓彦范身兼文武，是个人才。

就是在这个岗位上，桓彦范认识了狄仁杰。狄仁杰被桓彦范的正直果断、精明谨慎所吸引，更重要的是，桓彦范既有禁军工作经验，又有宫廷警卫工作经验，如果日后宫中有什么意外情况发生，他可以成为非常关键的一环。狄仁杰找到桓彦范，表达了自己对他的欣赏，然后将桓彦范提拔为监察御史，离武则天也更近了。

之所以把桓彦范转为监察御史，一方面是希望他能多一点在武则天面前表现的机会，另一方面也确实看中了桓彦范敢说敢做、不畏强御的性格，狄仁杰大概是从桓彦范身上看到了自己年轻时的影子。不出狄仁杰所料，此后桓彦范多次上疏言事，有一次宰相李峤和崔玄暐上奏请求赦免被酷吏迫害而家破人亡的人，武则天犹豫之下没同意，桓彦范把他们的奏疏拿来，改成了请求赦免不包括李敬业、李贞、李冲等其他谋逆大罪在内的其他冤狱，再次将奏疏递了上去，武则天还是没同意，而桓彦范又连着上疏九次，终于让武则天妥协了，一大批冤假错案得到了平反。从桓彦范这种执拗的劲头看，确实是颇有狄仁杰当年的风范。

此外，《资治通鉴》《狄梁公传》等资料认为受狄仁杰举荐的还有狄仁杰的门生袁恕己和崔玄暐，但我们已经找不到两人与狄仁杰交往的史料记载了，也没办法知道这两人是什么原因被狄仁杰所看重。在这二人中，崔玄暐史料较多，他同样是个生性耿直的人。崔玄暐担任天官侍郎（即吏部侍郎），由于天官涉及官员的选拔任命考核，所以往往人情请托严重，贪贿成风，可崔玄暐不仅自己从不请托，还不允许别人向他请托，因此得罪了一些人。于是这些人合起伙来将他调任文昌左丞。结果过了一个月，武则天就找崔玄暐了，说："自从卿改任他职以来，整个天官的风气就坏掉了，此事大有罪过。我听说还有些令史杂吏设宴庆祝卿去职，恐怕他们就是忌惮卿才不敢为恶的吧，现在我让卿继续回天官担任旧职，好好整顿这种风气。"此后崔玄暐拜鸾台侍郎，同凤阁鸾台平章事，成为宰相。

狄仁杰在生命的最后几年时间里颇具慧眼，为武则天和朝廷选荐了很多杰出的人才，"至公卿者数十人"，虽然有如窦怀贞之误，但不掩其知人之明。狄仁杰相信，有这些忠正之人在，一定能为还政李唐保驾护航，恢复大唐社稷看来是指日可待了。

第八章 还政李唐

第一节 储位之争

神功元年（697年）十月，狄仁杰在安抚好被契丹肆虐的河北后，第二次重返相位。他在人生的最后三年（697年10月—700年9月）为武周政权的平稳运行立下了汗马功劳，并且帮助庐陵王李显重返神都，再次成为国家储君，为兴复李唐江山作出了重大贡献。

狄仁杰的内心对武则天的感情是复杂的：一方面作为受到武则天知遇之恩的大臣，狄仁杰感激武则天对他的信任重用，但另一方面作为深受儒家伦理道德熏陶的官员，狄仁杰又无法接受武则天篡夺了大唐江山。

那么狄仁杰为什么没有像裴炎、李敬业一样公开反对武则天呢？一方面，在武则天称帝之时，狄仁杰只是一个普通的官员，人微言轻不说，从正面反对武则天的统治无异于白白送死，对时局毫无帮助。另一方面，武则天在称帝后，并没有彻底否认李唐的统治，她选择了李旦作为继承人，武则天称帝时已经六十七岁了，即使当皇帝她还能当几年呢？武则天去世，皇位自然就回到太子李旦手中，那么大唐江山仍然能够延续，为什么要进行激烈的对抗呢？正因如此，狄仁杰作出了与当时大多数官员相同的选择：默认武则天的实际统治的同时，帮助武则天治理好国家，然后等待武则天去世后皇位回归李氏。

所以我们可以看到，狄仁杰始终兢兢业业地效忠于武则天，在当时的众多大臣看来，这不只是效忠武则天，还是替未来继位的李家天子李旦守好基业。

但是人的思想是会变的，武承嗣就慢慢改变了武则天的思想和态度，也使得皇位之争变得激烈。因此，狄仁杰等一批忠于唐室的大臣则要考虑如何保护李氏子弟能够顺利继位。

武承嗣是武元爽的儿子、武则天的侄子。武元爽作为武则天最早的仇人之一，在武则天上位之后没多久就被贬并客死异乡，武承嗣等武元爽的家属也被武则天流放到了岭南。不过随着权力增加，为了政治斗争的需要，武则天不得不把武家人，包括武承嗣、武三思等人从岭南赦免回来，作为她争夺权力的帮手。武承嗣于是进入最高政治中心洛阳。洛阳的繁华和武则天给他的权力，蒙蔽了他的眼睛，让他忘了杀父之仇。根据《新唐书》记载："初，后擅政，中宗幽逐，承嗣自谓传国及己，武氏当有天下，即讽后革命，去唐家子孙，诛大臣不附者，倡议追王先世，立宗庙。"①武承嗣惦记的是武则天身后至高无上的皇位。当时李显被放逐,李旦被软禁,眼看着皇位已经不会再回到李家,武承嗣就指望凭自己的表现赢得姑姑的信任,好让武则天把皇位传给自己。此后武则天所有为了称帝所做的事,包括杀李家子孙、诛杀不服的大臣、追封武家先人、立武氏宗庙等等,都是武承嗣冲在最前面。

自从武则天称帝以来,武承嗣就开始积极争取继承人的位置。一方面,武承嗣不遗余力地劝武则天,他的理论是"自古天子未有以异姓为嗣者"②,自古以来,从来没有皇帝把异姓当作接班人,要是把武周江山交到李家人手里,那就等于是把武则天辛苦缔造的帝国亲手断送了。但是,只要把皇位传给武承嗣,武周帝国就将永传万世,武则天的功绩也将被历史所铭记。

这个理由足够让武则天心动:如果把权力交给自己的儿子,大周肯定会随着自己的去世而灭亡,而自己建立起来的一切都将灰飞烟灭。自己篡夺李唐江山,还政李氏后,后世之君会怎样评价自己呢?一定会让自己遗臭万年。但是如果把皇位传给武承嗣,就不会有这个风险,毕竟武承嗣如果当上皇帝,他的正统性和法理都是来自武则天。从这个角度看,立武承嗣的确比立李旦更好。

在不断劝说武则天的同时,武承嗣等人还积极拉拢武则天身

---

① [宋]欧阳修:《新唐书》卷二〇六,中华书局,1975年版。
② [宋]司马光:《资治通鉴》卷二〇六,中华书局,2007年版。

边的幸臣,最重要的就是武则天的那些男宠,包括薛怀义和张氏兄弟,武承嗣等人都是不遗余力地讨好。每当薛怀义骑马出宫的时候,武承嗣和武三思二人就在旁边伺候,一人扶马鞍,一人握马缰,嘴里还不断念叨着让他小心,简直比家奴还贴心。等张氏兄弟得到武则天的宠爱,二人又是百般奉承,张氏兄弟骑马,二人就争着配鞍,张氏兄弟坐车,二人就争着驾车执鞭,谄媚到了极点。于是这些宠臣也不断在武则天面前替武承嗣等人说好话,武则天无形中变得更加倾向改立武承嗣为储君了。

眼看李氏在这场储位之争中落于下风,时间到了万岁通天元年(696年)五月,契丹起兵造反了,这件意外发生的大事,又把储位之争中李氏的不利局势扭转了。

和契丹的战争充分暴露了两个问题:第一个问题是武氏子弟在这次战争中的表现实在是糟糕透顶,武三思作为总领第二道防线的榆关道安抚使毫无作为,两《唐书》中的武三思本传和《资治通鉴》虽然都没有记载武三思此次战绩,《新唐书》倒是记载了武三思的副手姚璹因被武三思牵连而贬官的事。显然,武三思这次出征的战绩非常差劲。接着是武攸宜,作为王孝杰的后军,在王孝杰兵败后本应该阻击契丹的推进,拱卫身后的幽州,可是由于军事能力太差,武攸宜根本无法阻挡契丹的铁骑,导致幽州被契丹大肆劫掠。最后出场的武懿宗,他的战绩前文已经讲过,不仅作战无能,而且草菅人命,残忍无比,不逊于来俊臣。

总而言之,武家子弟在这场战争中的表现堪称笑话,或许武则天本意是让武家子弟借着这场大战积累军功和人脉,好顺理成章提出立嗣之事,但无奈武氏子弟实在是"扶不起来的阿斗"。在战争结束后,武则天实在是没有理由改立武氏为嗣。

第二个问题是契丹战场上反映出来的。根据相关情报,李尽忠和孙万荣等人在战场上打出了"何不归我庐陵王"的旗号,声称讨伐武则天是为了将皇位还给庐陵王李显,而根据娄师德等人的说法,当时这个旗号一打出来,不少官军的将士就犹豫了,有些跟着高宗皇帝打过仗的老部队看到这个旗号后士气大减,军队内部私底下也出现了不少议论。这背后反映出来的是民心所向,是李氏大唐在天下臣民中留下的赫赫威望,武则天虽然可以一时得势取得政权,但是大家并没有打心底认同武周朝廷,而是向往李渊、李世民和李治开疆拓土的那个大唐王朝。立武氏子弟为嗣,想必除了武承嗣的党羽,天下并无一人支持,若自己还要强立他为继承人,恐怕用不了多久也会有人起来反对,而以武承嗣的能力,是绝对应付不了的。

以上两个问题让武则天陷入深思,她严重怀疑武家在自己死后守不住大周政权。如果守不住的话,那么权力又会回到李氏手中。到那个时候,自己一定会被彻底清算,名声尽毁。与其如此,还不如自己主动还政,这样自己还能留一个好名声。

在武则天做心理斗争的同时,狄仁杰先是在万岁通天元年(696年)十月从彭泽县令调任魏州刺史,后又与武懿宗、娄师德一同安抚河北州县,完成安抚任务后,回到了阔别五年的神都洛阳。

狄仁杰在河北工作了一年左右的时间,目睹了武攸宜、武懿宗等人的表现，加上此前武承嗣等人对他的迫害，他得出的结论是，武氏族人既没有能力，又没有道德，要是把国家交到他们手里，就彻底毁了，这是狄仁杰不能接受的。

更何况，狄仁杰和大多数心存唐室的官员一样，他们接受武则天的前提条件就是默认武则天会把权力还给李氏，在所有大唐臣子眼里，武则天并不是这份权力的掌握者，而是这份权力的保管者，武则天去世之后，这份权力还是要还给李氏的，这相当于一个武则天和大臣群体之间没有明言的"君子协定"。

因此所有大臣在劝武则天立嗣的时候都要强调武则天的权力是继承李治的，必须把权力传给李治的儿子，这就是在提醒武则天，要遵守当初的"君子协定"。现在如果要立武承嗣的话，就违背了这个"君子协定"，狄仁杰等人势必进行干涉，保护李氏子弟的储君之位。

但是狄仁杰回来之后，发现武承嗣等人在立嗣问题上极大地赢得了武则天的好感，那么该怎么来解决这个问题呢？

与其他人不同，狄仁杰首先考虑的问题是继承人的人选。在狄仁杰之前，所有人关注的焦点都只是要立武氏还是李氏。几乎没有人提到李旦到底是不是合适的继承人人选。但是狄仁杰在河北看到了契丹人的旗号，看到了李显的声望，因此狄仁杰开始重视这个问题。

相比李旦，李显作为继承人有哪些优势呢？第一，李显年长，李显和李旦都是嫡子，但按照立嗣以长的传统，李显的合法性要比李旦更高。第二，李显是李治亲自选定的继承人，他亲自执政过，且不论短暂的上台时间表现有多不成熟，但至少不像李旦从头到尾都是傀儡，群臣对李显的认可度更高。第三，李显是被武则天赶下台的，后被软禁在山区房州，生活需求得不到保障，武则天还要时不时派人去恐吓李显，导致李显神经衰弱，动辄要自杀，这种悲惨的遭遇显然更能赢得老百姓的同情。即使是契丹人，他们起兵都打着李显的旗号。由此可见，李显在民间的声望比李旦更高。

当然，李显也有缺点，他当太子的时候贪玩，后来执政的时候又显得轻率，但是要知道，李显并不是一开始就被当太子培养的，在李显的前面有李弘和李贤，李显就是个第三选择，辅佐他的班子、老师，都是李治去世前一两年才开始配置的，他根本没有机会接受相关的培养。

圣历元年（698年），武承嗣和武三思再一次加大火力，向太子之位发起了冲击，他们不仅自己游说武则天，还利用张昌宗、张易之等武则天的亲信去游说，但是武则天对武氏后人的能力充满了怀疑，因此即便武承嗣等人唇焦舌敝，武则天也无法下决心。久而久之，由谁继承皇位就成了武则天的一大心病。

有一夜，武则天梦见自己和一个人下双陆棋，结果一局告负，再连下几局，竟然一局都没胜。醒来之后，武则天回忆起这个梦，总觉得不吉利，却又不得其解，因此心中烦闷。

武则天心情不佳去上朝，散朝之后，发现狄仁杰还站着，原来狄仁杰看出武则天面色不善，所以留下来问问。武则天见老宰相关心自己，心下温暖，于是把昨晚的梦一五一十说了出来。

狄仁杰听完，一捻白须，缓缓说道："双陆不胜，宫中无子也。依老臣之见，陛下之忧，非为双陆不胜，乃在宫中缺子也。"双陆是一种桌面游戏，在唐代非常流行，上到皇帝下到贩夫走卒人人都爱玩，而所谓"宫"是双陆的术语，双陆的规则是双方轮流投骰子移动棋子，只要自己的棋子全部越过棋盘上的"门"，入了"宫"，就算胜利，否则就是输了，即宫内没有棋子。

那么我们再看狄仁杰的话：双陆不胜是因为宫中没子，狄仁杰实际是借这句话，一语双关地提示武则天，陛下您的宫中缺（太）子啊。

武则天当即就明白了狄仁杰的意思，但她暂时还不想跟狄仁杰讨论这个问题，于是搪塞道："这是朕的家事，朕自有主张，就不劳国老费心了。"

狄仁杰见武则天敷衍，并没有退缩，于是继续说道："王者以四海为家，普天之下莫非王土，天下难道还有什么事不是陛下您的家事吗？君为元首，臣为肱股，君臣本自一体，况且老臣蒙陛下恩典，忝列相位，事关国本，老臣怎么能不过问一二呢？"

"哎，国老你呀！"武则天几十年来，早就习惯了狄仁杰的脾气，知道今天不说个一二狄仁杰是不会走了，于是话锋一转："国老莫不是忘了，朕并非缺子，皇嗣乃朕亲子，现正在宫中，朕岂缺子？"

狄仁杰又说："非也，老臣所言，乃庐陵王也。庐陵王也是陛下的亲子，现在陛下身登九五，而庐陵王居房州十余年，天下人该如何议论陛下？"

这个回答让武则天意外，也触动她的心弦，武则天想起了被自己软禁十几年的李显，这些年她为了权力，不顾母子之情，把李显逼到绝路，听负责监视的官员汇报，每次武则天派人过去探望他，李显就担心是派去杀他的，紧张得几欲自杀。虽然武则天已经被权力改造成了一个冷血残酷的政治人物，但此时她大位已定，李显无法对她的皇权构成威胁，她对李显的戒备心已减大半，而她也已经七十多了，人老心软，警惕疑惧既去，母子亲情就慢慢强烈起来了。

武则天又想起了契丹人打出的"何不归我庐陵王"的旗号，虽然契丹人此时已不足为惧，但是这个政治口号确实对武则天造成了一定的困扰。现在如果把李显接回来，可以不给反叛之人借口，何乐而不为呢？想到这里，武则天决心要认真考虑狄仁杰提的意见，于是对狄仁杰说道："国老所言，朕会认真考虑。"见武则天松了口，狄仁杰知道今天的目的达到了，此事事关重大，武则天也纠结多年，不可能只凭他几句话就改变，需要潜移默化地扭转她的想法。

武则天信佛，对一些鬼神虚幻之事非常相信，有时候做了梦也会联系现实中事，因此只要做了什么不好的梦，就会急着找人解梦。有一天，武则天梦到一只鹦鹉，羽毛非常漂亮，但是两只翅膀都折断了，武则天想找人解梦，就在朝堂上跟几个宰相说了，其他人听了莫名其妙，但狄仁杰灵机一动，站出来说："这个鹦鹉的鹉，就是陛下您的姓氏。那么陛下的两翅自然指的就是皇嗣和庐陵王呀。陛下梦到两翅折断，自然是老天提醒陛下要重视皇嗣，召回庐陵王，那么陛下的两翅就齐全了，自然可以翱翔高飞。"武承嗣和武三思当时也在场，听到这话自然是怒目圆睁，心里对狄仁杰恨之入骨。而在场的那些忠心于李唐的大臣则暗自高兴。

狄仁杰当然知道，凡战者以正合，以奇胜。对于立嗣这种大事，不仅要正面劝说武则天，还要从侧面迂回，发动武则天身边的一些幸臣。这时期最受宠的无疑是张昌宗、张易之兄弟二人，但是狄仁杰跟他们的关系并不好，且以狄仁杰的性格，对张氏兄弟这种幸臣也不屑于讨好逢迎，那么怎么办呢？于是另一个大臣进入了狄仁杰的视野之中。

这个大臣此前我们提到过，他就是吉顼。吉顼早年以进士入仕，后来父亲因贪污被判处死刑，于是吉顼把两个妹妹献给了武承嗣为妾，换取了父亲一命，并因此和武家搭上了关系。在刘思礼谋反株连三十六家大臣被族灭的血案中，吉顼是告密人；但在诛杀大酷吏来俊臣时吉顼又在关键时刻进言，最终使来俊臣伏法。说他亦正亦邪或许不太准确，但是吉顼确实是一个聪明、果断并且能审时度势、保全自己利益的人物。更重要的是，此时吉顼和张氏兄弟同在控鹤监为供奉，他们关系不错，因此，狄仁杰希望通过他联系张氏兄弟。

于是有一天，狄仁杰趁着进宫奏事的机会，就跟吉顼套上了话。吉顼由于此前献妹救父之事和向来俊臣告密之事，在整个朝中的名声并不好，正直一点的大臣都不愿跟他往来。见名满天下的狄仁杰居然主动找他聊天，吉顼自然是受宠若惊，倍加逢迎。狄仁杰知道吉顼聪明，只简单地把大臣们的态度，武氏的能力和人品，当前的局势等几个关键点一提，吉顼就明白了：狄仁杰是在提点他，这时候支持李氏才是最有利的。

这个问题吉顼也不是没有想过，将来武则天一死，即使武承嗣继位，就凭武氏子弟的能力，能不能守住皇位，还不一定。到时大臣们如果一起反抗，只怕自己要给武承嗣陪葬。支持李氏则不同，虽然此时李氏势弱，但武则天心意未决，李氏不是没有机会，俗话说锦上添花易，雪中送炭难，此时若自己能帮助势弱的李氏复位，反倒能显出自己的忠心，但狄仁杰想要自己帮什么忙呢？吉顼疑惑地看了一眼狄仁杰问道："狄大人可否指给在下一条明路？"

狄仁杰右手捻须，轻轻说道："劝召庐陵王，张氏兄弟可用。"吉顼一下就明白了，狄仁杰这是让自己走张昌宗兄弟的门路，吉顼也就记在了心中。

有一次张易之、张昌宗跟吉顼聊天，张昌宗把武则天赏赐的几件宝贝拿给吉顼看，吉顼一看，没做点评，只是说道："宝贝是好宝贝，只是可惜啊……"

张昌宗奇怪，问有什么可惜的。

吉顼就跟张昌宗说："恕在下直言，公兄弟二人，能如此得到陛下的恩宠，可不是因为什么品德和功业，现今陛下春秋已高，若今后有一日，陛下无法庇护你们了，你们要怎么办？我一想到这个事，就为你们兄弟二人担心啊。"

这一句话戳中了兄弟俩的心事，他们得宠无非是因为武则天喜欢他们，可武则天如今已步入暮年，这恩宠还能持续几年呢？到时候荣华富贵随风去，杀身之祸随之而来，自己怎么办？这也是张氏兄弟一直担心的事，这时见吉顼提起，连忙向吉顼请教安身之计。

吉顼说："以在下之见，你们兄弟不如做一件有大功于天下之事。"

张氏兄弟不解，问是什么大事。

吉顼就说："扶立庐陵王。"

张昌宗问："吉大人说的什么话？眼下魏王（武承嗣）势大，我们为何不拥立魏王反要拥立庐陵王？"

吉顼说道："非也，天下臣民对大唐的感情至深，时时都念叨着要复立庐陵王。陛下年纪大了，这君位终要有所托付，可依我了解，武氏诸王不是陛下所中意的，不然为何这么多年了，始终没有一个明确的说法？现在趁着陛下还没有下决心立庐陵王，你们主动提出这件事，那就是大功一件，到时候不仅可以免祸，还可以保全富贵。"张氏兄弟一听吉顼说得非常有道理，深以为然。从此之后他们开始趁着各种机会给武则天"吹风"，说庐陵王多么孝顺、多么仁义，劝武则天赶紧把庐陵王召回来。而吉顼在这个过程中，也没少找机会向武则天陈述利害。

武则天已经动了召回李显的念头，但还未坚定，于是把狄仁杰找来，说："朕近日思之，颇觉国老前日所言谬矣，卿既为朕之国老，理当以朕之是非为是非。今日召卿入宫便是商议皇嗣之位，若所言中旨则赏，不中则有罚。"

狄仁杰不知道武则天的真实想法，还以为武则天是听了武承嗣的话又改变主意了，也不理会武则天带有威胁的话，心平气和地说："文皇帝栉风沐雨，亲冒锋镝，以定天下，传之子孙。大帝以儿子托陛下。陛下今乃欲移之他族。无乃非天意乎！"

也就是说，狄仁杰认为天子之位是传自太宗皇帝，李世民当年冲锋陷阵，不避矢石，不辞辛劳，为的是自己的子孙后代，可不是为了武承嗣、武三思等人。武则天如今身登九五已经十余年，既然要议继承之事，那就应该在李治和武则天的嫡子中挑选，怎么还能改换他族呢？

狄仁杰的一番话，实际上就是指出，皇权由武则天继承和保管都是可以的，也是大臣和世人可以接受的，因为皇权仍可在李氏家族之内传承。但如果武则天想要把皇权转移到外姓，那就超出了大家能够接受的范围，这是违背天意的。

为了进一步打动武则天，狄仁杰抓住了武则天的软肋，即关于后人评说的问题，继续说道："陛下您再好好想想，姑侄怎会有母子亲呢？您现在立子，香火万年不绝，这是天经地义的道理。可您若是立侄，老臣可从来没听说有哪个皇帝会把姑姑放进庙里供奉的。"说到激动处，狄仁杰涕泗横流，而武则天也被狄仁杰的真挚感动得哭了，拍着狄仁杰的背安抚道："狄卿你不是朕的臣子，你是大唐的臣子啊！"

终于，在狄仁杰的细心谋划和精心推动下，在多方面的努力之下，武则天终于决定要把李显召回来了。圣历元年（698年）

三月，武则天借口庐陵王有病，让职方员外郎徐彦伯把李显一家秘密地接到了洛阳，被亲生母亲软禁十余年的庐陵王终于重见天日，再一次回到了阔别已久的神都洛阳。

狄仁杰得知李显即将回到洛阳，立刻入宫面圣说："天下都知道庐陵王在房州，此事陛下不可轻易公布，恐引起臣民猜疑恐慌，朝廷动乱。"武则天点头同意，于是让李显回到洛阳南龙门石像驿暂住。几天之后，武则天派人大张旗鼓地将李显重新迎回了洛阳宫中，崩溃的武承嗣也在忧愤交加中一命呜呼。

在李显回到洛阳之前，李旦已经被武则天的一次次打压和试探折磨得十分痛苦。之前李旦被人诬告谋反，其宫内官员全部被逮捕拷打，太常乐工安金藏剖腹自明，以如此惨烈的方法，才使得李旦侥幸逃生。这种生死一线的折磨对于生性谦退、毫无野心的李旦来说实在是煎熬。于是，李显一回到洛阳，李旦就一次次恳求武则天，请求逊位于兄长李显。武则天本就有此意，又见李旦态度坚决，于是就答应了。圣历元年（698年）九月壬申，李显被武则天立为太子，并在洛阳举行了隆重盛大的仪式。至此，太子之位尘埃落定。

但是这并不代表储位之争的结束，因为武则天作为一个成熟的政治家，一定会注意打压太子李显的势力，不会让他的力量过于强大。恰好此前一个月，也就是圣历元年（698年）八月，武则天派武承嗣之子武延秀与突厥和亲被扣押，武承嗣抑郁而死。武则天不仅给了武承嗣隆重的追封，而且将武三思提拔为内史，重新成为宰相。过了一个月，她把堂侄武攸宁提拔成了宰相。

狄仁杰很清楚，这是武则天的平衡手段，只要她还没死，就必须找到一股力量与李显、李旦相制衡。武三思并不比武承嗣好对付。这场斗争还没有结束，狄仁杰等人必须帮助太子获得更高的威望，此时默啜正在河北肆虐，急需朝廷另派军队增援。这场对突厥的战争就是一个助太子获得威望的大好机会。

一天，武则天看到一份蓝田令薛讷的奏疏，薛讷表示，国家危难，大臣义不容辞，愿效父志为国分忧，薛讷的父亲正是大唐名将薛仁贵。武则天看罢大喜，因为败军之际去前线无疑是个苦差事，前线那么多将领都拿默啜没办法，所以大部分朝廷大臣生怕被武则天选中派往河北。这薛讷能自告奋勇，不说他能力如何，这份忘我的担当是值得鼓励的。

于是武则天将其提升为左威卫将军、安东道经略，还在其上前线前特意召见了他，询问他对前线战事的看法。薛讷说："丑虏现在如此嚣张，就是打着庐陵王（即李显）的名义。陛下虽然已经把庐陵王立为储君，但现在大家都怕这事还有反复，如果这件事不定下来，我怕前线仍旧是军心不安，军心不定恐难以取胜啊。"

薛讷这一番话已经有当年裴炎逼武则天还政的味道了，但此时武则天也无暇顾及这一点了，想到武攸宜、武懿宗还有眼下的武重规这几年在河北做下的荒唐事，再者此时武则天已有还政李显的打算，武则天点点头，说："薛卿所言有理。"

在殿众臣听到此话，都不敢相信，没想到武则天面对对她权力的挑战，居然面色如常，并无愠色。薛讷走后，武则天又说道:"众位爱卿,朕有意命太子为帅,征讨默啜,不知众卿以为如何?"

眼见武则天欲将此等家国重任交给李显,加上薛讷前面那番话,武则天显然是要再次确立李显的储君地位,向天下宣布此事已定。众臣哪还有犹豫的,呼啦啦全部跪下,口称天子圣明。

"不过,"武则天补充道,"太子久离朝政,不熟悉河北和北虏情势,朕欲派一人为辅,不知何人愿往呐?"果然,武则天是不可能完全信任李显的,表面上是李显挂帅,还要派一个信得过的人实际掌权。

"老臣愿往!"一个浑厚却苍老的声音应道。众人一看,原来是狄仁杰站了出来。狄仁杰岂不知道这是个吃力不讨好的差事,但这个差事名义是辅佐太子,实际上却是监视,若被武家人占去,那么太子挂名出征之事就会劳而无功,如若自己能做好的话,功劳便是太子的,储君之位自然再无争议。因此,狄仁杰必须当机立断,抢下这个差事。

"国老,你不能去。"武则天想都没想就一口拒绝了,她其实一开始就考虑过狄仁杰,毕竟狄仁杰有能力又有经验,但是狄仁杰年纪实在太大了,现在北方又到了秋冬之际,武则天实在不忍心。

"陛下,兵者国之大事,不可轻忽啊,不是老臣卖弄,眼下朝中可有一人比老臣熟悉虏情?"

"这……"武则天左右看看,确实没有更合适的人选了,但武则天还是拒绝道,"国老你不必说了,你也是古稀之龄了,此去河北路上若有什么差池，朕心何安？"

听到武则天是关心自己的身体，狄仁杰不禁心中一暖，能让这个与自己打了半辈子交道的女皇说出这样的话就已经足够了，于是他坚持："若得为陛下、太子分忧，老臣纵使粉身碎骨又有何惜？老臣鞠躬尽瘁，死而后已！"

见狄仁杰如此坚持，武则天是又敬又怜，但也不好再驳狄仁杰的面子，当下就命李显为河北道元帅，又命狄仁杰为河北道行军副元帅。狄仁杰不辞老迈体衰，再次踏上了"救火"之路，在河北先是逐退了突厥，又就任河北道安抚大使，稳定了河北的局势，也稳定了李显日后的统治基础。

第二节　大星陨落

完成了河北的一系列任务之后，狄仁杰回到了洛阳。此时的狄仁杰已经年过七旬，不过在自己有生之年能够确定李显重回太子之位，皇帝还政李唐，狄仁杰心中已无牵挂，忙碌"救火"一辈子的狄仁杰终于能够稍享闲暇了。

久视元年（700年）五月，武则天出游石淙山（今河南登封市大冶镇西南），石淙山风景秀丽，有碧潭幽洞、奇峰怪石，是著名的胜景。此次同行的还有李显、李旦、武三思、狄仁杰、姚崇等人。武则天在此大宴群臣，其间诗兴大发，作诗一首，又命同行诸臣和诗一首。狄仁杰作《奉和圣制夏日游石淙山》，这也

是狄仁杰留下的唯一的文学作品,可以从中看出狄仁杰此时的轻松与愉快:

宸晖降望金舆转,仙路峥嵘碧涧幽。
羽仗遥临鸾鹤驾,帷宫直坐凤麟洲。
飞泉洒液恒疑雨,密树含凉镇似秋。
老臣预陪悬圃宴,余年方共赤松游。

此诗工整流畅,尤其最后一句充分表达了为武则天效命多年之后终于可以颐养天年的闲适之情。

时间到了久视元年(700年)的七月,此前得到狄仁杰保举的李楷固和骆务整奉命平定契丹余众,此时得胜而归,献俘于含枢殿。武则天封李楷固为左玉钤卫大将军,燕国公,并赐姓武。武则天召公卿会宴,并推功于狄仁杰,武则天举着酒杯向狄仁杰表示祝贺,说:"此皆国老识人之明,举荐之功,朕必重重有赏。"狄仁杰连忙推辞:"这都是陛下您的威灵所致,李、骆二将军英勇善战,老臣何功之有?"

此时狄仁杰已疾病缠身,他深感自己时日无多。有一次退朝之后,张柬之等受狄仁杰举荐的五人一起上门去探望狄仁杰。狄仁杰说了这么一段话:"只可惜我老了啊,等不到公等五人所谋大事成功的时候了。诸公多多保重,尽力而为。"五人相互对视,知道狄仁杰所指何事,也知道狄仁杰在期待什么,于是请狄仁杰放心。

狄仁杰相信自己的眼光，但出于稳妥考虑，他必须在走之前给自己的门生们一些提醒，于是狄仁杰又一次把他们都叫到了自己府上。此时的狄仁杰心情复杂，他有太多话想说了，他的不舍，他的遗憾，他的志向和抱负，他还想看到李唐复兴的那一天，可是当张柬之等五人恭恭敬敬地站在狄仁杰的床前时，狄仁杰竟一时不知从何说起了。狄仁杰一言不发，五人也静静地等着狄仁杰开口，就这样沉默着，过了半晌，两行浊泪顺着狄仁杰清瘦的两颊流了下来，但是他依然没有说话，只是怔怔地盯着几个人。

又过了好一会，几个人以为狄仁杰是想休息了，于是静静地退出了卧房。出来之后，几个人讨论起了狄仁杰到底想说什么，袁恕己提出：是不是狄公年纪大了，想把家人托付给他们，但是又不好开口？张柬之不同意，他说："像狄公这样的大贤，哪有国事未定就操心家事的？"这句话得到了大家的赞同，大家都知道狄仁杰最担心的就是李显继位的问题，但是这件事平时也说了很多次了，狄仁杰到底还有什么不放心的，大家一时也没想到。

这时，狄仁杰的家人又过来请张柬之、袁恕己、桓彦范三人回去。三人重回卧室，狄仁杰已经从床上坐了起来，狄仁杰也不再跟三人客套，指了指床边的椅子，示意三人坐下后，他说："方才之所以一言不发，主要是因为敬晖和崔玄晖在，他们两人行事果断，是干大事的人，但是他们性格直率，胸无城府，如果提前跟他们商量，我担心他们会不小心泄露机密。兹事体大，稍有不慎，便入万丈深渊啊！"

听了狄仁杰的话,张柬之等三人也明白了狄仁杰的良苦用心,于是当即表示一定小心谨慎。狄仁杰接着又说道:"梁王武三思尚在掌权,这人阴险狠辣,你们应当多加小心。"三人听完,表示一定牢记此话。此时狄仁杰已在弥留之际,但其眼光老练精准实在令人叹服,因为后来武三思果真给五人造成了很大的麻烦,不过这些都是后话了。

此时狄仁杰已然体力不支,于是张柬之等人连忙扶着狄仁杰躺下。交代完了,狄仁杰再无挂碍,安心地闭上了眼睛。

张柬之等人默默地向狄仁杰行礼,离开了狄府。

久视元年(700年)九月辛丑日,狄仁杰走到了人生的尽头,享年七十一岁。这位为大唐、武周江山社稷奔波劳碌一辈子的老臣,也终于能够好好休息了。武则天虽然已经有了心理准备,得到消息后还是一度伤心到怀疑消息的真实性。在过去的十多年里,狄仁杰是一个如此可靠的助手,他能理国政,能平冤狱,在州郡能治民,在军旅又能抚军。帝国不论哪里出了问题,似乎都可以放心交给狄仁杰解决。正是有了这个神明一般无所不能的狄公,武则天几乎都忘了狄仁杰也不过是一个会老、会病甚至会死的普通人而已。

当武则天突然意识到这一点的时候,她不禁扫视了一遍朝堂,还有谁能代替她的狄国老呢?是武三思、杨再思?还是苏味道?不,根本没有人了。想到这里,武则天不由得说了一句:"朝堂空矣!"

虽是感叹,但武则天也不得不接受狄仁杰已经离去的事实,为了表达自己的哀思和崇敬，武则天特意废朝三日，追赠狄仁杰为文昌右相，上谥号为"文惠"。所谓文，经天纬地曰文，道德博闻曰文；所谓惠，柔质慈民曰惠，施勤无私曰惠。这便是武则天对狄仁杰一生的评价。

狄仁杰走了，但是他的精神和意志并没有因此而消散，反而逐渐凝聚起了更强大的力量。

第三节　神龙政变

长安四年（704年）九月，狄仁杰去世四年后，姚崇被任命为灵武道行军大总管出镇动乱。临出发，武则天向姚崇问起堪当宰相的人选，姚崇毫不犹豫地推荐了秋官侍郎（即刑部侍郎）张柬之。

武则天点点头说："这个人狄国老就跟我推荐过。"姚崇连忙说道："张柬之沉稳厚道而且还有谋略，能断大事。"于是武则天决定予以提拔。

十月甲戌，武则天召见张柬之，拜同凤阁鸾台平章事，升凤阁侍郎（即中书侍郎）。时年80岁的张柬之，终于登上了大周的相位。

张柬之执政后，立刻将当时正在外任刺史的杨元琰召入京城，任命为右羽林将军。在见到这位多年前的同僚时，张柬之意味深长地对杨元琰说道："您还记得当年江中说过的话吗？今天这个位置（指右羽林将军）可不是随便给您的。"

这句在外人听来莫名其妙的话，其实大有文章。张柬之曾任荆州大都督府长史，后接替他的正是杨元琰。两人非常投缘，有一次杨元琰与张柬之驾船出游，船至江心之时，就聊到了武则天，杨元琰是个性情中人，眼见四下无人，一说起这事就忍不住涕泗横流，说好端端的大唐江山将要亡于妇人之手，有朝一日自己一定要匡复大唐。

张柬之没有多说什么，只是默默记下了这个人。分别后，杨元琰在多地任刺史，也多次回到荆州大都督府担任长史，政绩不错。张柬之则先后受到狄仁杰和姚崇的举荐，先是洛州司马，然后是司刑少卿、秋官侍郎，最后登上相位。

与阔别多年的朋友再次见面，张柬之没有过多寒暄，只是问出了那句话："还记得当年江中说过的话吗？"杨元琰眼神坚定，点了点头。

张柬之此时正在和崔玄暐、敬晖、桓彦范、袁恕己谋划大事。

李显在圣历元年（698年）被立为太子，武则天默认了武周将要回到李氏手中。本来只要等着武则天龙驭宾天，李显即位，大唐江山自然可以和平光复，但此时朝堂之上又发生了一些变化。

这就要从张易之、张昌宗兄弟说起。二人凭借武则天的宠幸，势倾朝野，飞扬跋扈，但是他们在政治上又没有什么眼光和能力，多次得罪在朝的各方势力。

长安三年（703年），张氏兄弟又决定将矛头对准得罪过自己的魏元忠。张氏兄弟向武则天报告，说魏元忠和司礼丞高戬私下议论说武则天已老，以后还是要依赖太子才能长久，加之魏元忠此前已数次触怒武则天，武则天大怒，直接就把魏元忠和高戬抓了起来，还让他们到时候跟张昌宗庭辩。

由于本就是诬告，根本没有什么关键性的证据，加之魏元忠性格刚硬，难以对付。因此张昌宗决定找个人做伪证，他找到了凤阁舍人张说，因为魏元忠当过凤阁侍郎，张说想要找他的麻烦应该不难。于是张昌宗对张说许以好处，说只要张说到时候按张昌宗的要求办事说话，事成了就给他封官。在张昌宗看来，张说只是一个名不见经传的小官，这样的好处足以让他妥协。

等真到庭辩那天，张说还没进去，就有宋璟、张廷珪、刘知幾三人出来提醒张说不可乱言。后来双方争执不下，张昌宗说张说可以作证，于是武则天让张说进来，结果张说不仅没帮张昌宗作证，反而把张昌宗逼他做伪证的事都说了，一场庭辩成了闹剧。

魏元忠入狱后，也有不少大臣为他求情，如魏元忠的好友朱敬则、苏安恒。苏安恒也是个敢于直言之人，武则天立李显为太子后一直不提退位之事，也无人敢提及此事，苏安恒不仅上疏建议武则天尽早让位于太子，而且连上两书，胆量着实不小。可是武则天不仅没杀他，还召见宴请了苏安恒。苏安恒这次又上了一封言辞犀利的奏疏痛骂张氏兄弟。武则天经过一场庭辩闹剧，这会儿也冷静下来了，知道魏元忠肯定是冤枉的，但无罪释放无疑会折损自己的面子，于是最后把魏元忠贬为高要尉，将高戬、张说流放岭南。

魏元忠出发那天，太子仆崔贞慎等八人去送行，这一行为又惹张氏兄弟不高兴了，于是张易之又伪造了一个署名，状告崔贞慎等人跟魏元忠共同谋反，所以这才要去送行。于是武则天又派监察御史马怀素去调查，结果查了很久还没来上报，武则天又派人连催四次，马怀素无奈地回复："我连举报人都没看到，光凭一面之词我怎么据实以查？魏元忠以丞相贬官，崔贞慎与魏元忠素来交好，去送行乃情理之中。当年栾布给彭越收尸，汉高祖尚且没有怪罪，现在魏元忠的罪行也没有彭越重，为什么崔贞慎去送行就不行呢？陛下您手握生杀大权，如果想要加罪，您直接处置就好了，要是让臣来推究，臣必不敢虚加罪名，只能据实禀报。"崔贞慎等人这才保下一条命。

武则天对此事的态度无疑刺激到了一大批忠于李唐的大臣，武则天的反复无常让他们担心李显不能活到继位的那一天。如果说他们曾经对帝国权力的和平交替有过期望的话，到了这时候他们也不得不做好强硬斗争的准备了。于是无数大臣纷纷向武则天弹劾张氏兄弟，说他们卖官鬻爵、跋扈专权、迫害贤良无恶不作。张柬之等人开始布局，杨元琰正是他和崔玄暐利用宰相之位布下的一颗棋子。同样利用职务之便，张柬之、崔玄暐又把中台右丞（尚书右丞）敬晖、司刑少卿桓彦范、右散骑常侍李湛调到了羽林卫任羽林将军。

为什么张柬之要做出这样的安排呢？这和唐朝的禁军制度

有关。

唐朝禁军系统分为南衙北衙，南衙由十六支部队组成，即南衙十六卫，分别是：左右卫、左右武卫、左右金吾卫、左右骁卫、左右威卫、左右领军卫、左右监门卫、左右千牛卫。十六卫的最高长官都是大将军。因为十六卫隶属于兵部，兵部所在的政府官衙恰好位于皇宫的南方，所以称为南衙。

与南衙相对的是北衙，北衙是直接隶属于皇帝的禁军，是唐朝最精锐的部队。北衙禁军最早是跟着李渊太原起兵的三万人，唐太宗登基后，在北门也就是玄武门设置了一支约百人的精锐部队，后来逐渐扩充为七营。贞观十二年（638年），又改编为左右屯营，北衙禁军初具规模。高宗时，这支队伍进一步扩充，从府兵中补充了越骑、步射，并正式设立了左右羽林军，最高长官为左右羽林卫大将军，其下羽林将军各二人①。

想要进入这个羽林军的序列，对家庭背景、身体素质、武艺等都有极高要求。在首都发动政变，最重要的就是要控制羽林军。如果我们按照《唐六典》的说法，一个羽林卫大将军辖两个羽林将军，那么此时羽林军的次高级军官就已经被张柬之全部控制了（杨元琰、桓彦范、敬晖、李湛），如果按《新唐书》一个羽林大将军辖三个羽林将军的说法，那张柬之也已经掌握了三分之二。

神龙元年（705年）正月，姚崇从灵武返回，随即参与其

---

① 《新唐书》记为三人。

中，张柬之又增一强援。部署已定，桓彦范和敬晖又暗中见了太子李显，汇报了计划，得到了李显的同意。

神龙元年（705年）正月癸卯，五百余人正在一名神情严肃的将军的带领之下行进着，夜色中这支队伍异常安静，只能听见轻微又整齐的脚步声。

带队之人名叫李多祚，时任前右羽林卫大将军。李多祚身边的是大唐宰相张柬之、鸾台侍郎崔玄暐。

这支队伍的目的地正是兵部所掌管的武器仓库，他们的目的是诛杀专权乱政的张易之、张昌宗兄弟，并且逼迫病重的武则天退位，由太子李显继位。军队的武器装备平时都是放在仓库里看管的，即使是皇帝最亲信的羽林军，也只有执勤的时候才能去仓库领装备。

这支队伍很快到达了目的地，在仓库门口见到了等候已久的兵部库部员外郎朱敬则。

朱敬则，与魏元忠交好，魏元忠被张氏兄弟诬陷几乎被杀，朱敬则执言营救。张柬之等人应该正是看中这一点，才邀请朱敬则加入计划。

装备好五百余名士兵后，李多祚、张柬之等人立刻向玄武门前进。可是走到了玄武门面前时，还是出现了意外情况。这里还驻守着一支由殿中监田归道控制的羽林军，田归道并没有参与政变，也不服从张柬之和李多祚的命令，当敬晖派人来交涉希望田归道交出指挥权的时候，田归道一口拒绝了，还禁止张柬之等人通过。

这时候如果不想刀兵相见，必须抬出太子李显了。张柬之派李多祚、李湛和太子的女婿内值郎王同皎前去东宫请太子过来。

三人急匆匆赶到东宫找到李显，王同皎说："先帝把皇位传给殿下，结果横遭意外，殿下遭废如今已经二十三年了，今日宰相会同羽林军，正是诛除凶逆，恢复大唐社稷的好机会，请殿下随我们去玄武门坐镇，以鼓舞士气。"

李显这时候明显犹豫了，他说："凶逆自然是要除的，但是现在陛下身体不适，如此行事恐怕惊吓到她，我看我们还是从长计议吧。"李显当然不是怕惊吓到母亲，而是明显对意外情况没有心理准备，事到临头自己害怕了。

李显在这最危急的时刻显示出了优柔寡断的一面，可以想象，如果此时按李显所说就此罢手，等张氏兄弟和武则天得到消息，所有人都要死无葬身之地。

就在这危急时刻，李湛反而展示了自己的决断和急智，一句话就说明了此时的危急程度："众位将相不顾家族安危，就是为了安定李唐社稷，您如果此时放弃，那不是把他们扔到锅里去煮吗？请您赶快去玄武门吧！"

李显终于意识到，此时已经到了危急存亡的时刻，于是在王同皎的搀扶下立刻上马，向玄武门赶去。

张柬之正与田归道相持不下之时，李显及时赶到了，田归道见太子到了，也不敢再阻拦，张柬之等人趁机率军而入。

此时，相王李旦和袁恕己率领的南衙兵也控制了洛阳城，以防备意外情况。相王府司马袁恕己是这次政变的核心人物之一，正是通过他，李旦也参与到了这次政变中。太子攻北门，相王镇京城，这一安排看得出很明显的设计痕迹：相王李旦在武周后期做过天兵道元帅，知左右羽林卫大将军事。在南北衙中的威望都非常高，因此由他率南衙兵守备京城，并作为前期计划未遂的预备队是最为合适的。

万事在握，在张柬之、崔玄暐、李湛等人的簇拥之下，李显率领羽林兵包围了武则天居住的集仙殿，并且很巧地在殿外遇上了张昌宗、张易之兄弟。仇人见面，分外眼红，张氏兄弟二人被立斩于廊庑之下，随后李显、张柬之等人进入了集仙殿。

武则天此时已经听闻殿外之乱，这时又看着李显带着一帮大臣直入殿中，当即明白了大半。李湛越众而出，对武则天说道："张氏兄弟谋反，臣等奉太子之令诛杀逆臣。因为害怕泄漏消息，所以没敢向陛下汇报，带兵入宫，惊扰陛下，罪该万死。"

武则天没有理会李湛，而是冲着她的儿子李显要说法："这事是你吩咐办的吗？该杀的人既然杀了，就赶紧回东宫去吧。"面对危局，武则天显然还想绝地翻盘：

其一，武则天首先问李显事情是不是他干的，因为按照她对自己儿子性格的了解，这事肯定不是他主张的，突然这么一问，李显很有可能就说这事是大臣们的主意，那这件事的性质就从太子主导的清君侧行动变成了大臣胁迫太子的兵变，武则天处理的主动权就大了很多。

其二，武则天让他们杀了"二张"就赶快回东宫去。武则天当然知道，他们今天既然兴师动众地发动政变，那目的肯定就不是"二张"的性命,很有可能是她的皇位甚至是性命。因此她要抢先把事件限制为清君侧。

在这么短的时间里,能想出逻辑这么缜密的应对方案,可以说武则天已经做到了极致,如果此时只有李显在场的话,很有可能武则天就将形势逆转了。不得不说,八十多岁的武则天即使病重,仍然是那个时代最杰出的政治家之一。

可惜的是,李显并不是一个人进来的。桓彦范不等李显回答,立刻说道:"太子怎么可以回去呢?昔日天皇将殿下托付给陛下,现在殿下年纪已长。天下无人不思念大唐,群臣也不曾忘记太宗和天皇的恩德,所以今天才奉太子诛杀贼臣。希望陛下立刻传位给太子,顺应天下民心。"

武则天知道大势已去,又扫视在场诸人,看到了崔玄暐,她又把矛头对准了崔玄暐:"你可是我亲自提拔成为宰相的,为什么你也在这里?"崔玄暐双手一合,一揖到底:"陛下,我这正是为了报答您的大恩大德。"听到这话,武则天不再言语,颓然坐倒……

大势已定,张柬之等人立刻命人去捉拿张昌期、张同休、张昌仪,随即处斩,并与张易之、张昌宗兄弟一同在洛阳宫城外的天津桥南枭首。张氏兄弟党羽宰相韦承庆、房融和司礼卿崔神庆尽皆入狱,等候处置。

神龙元年(705年)正月丙午,政变第四天,李显即位,即为中宗。神龙元年(705年)二月甲寅,李显正式恢复国号"唐",郊庙、社稷、陵寝、百官、旗帜、服色、文字皆如永淳以前。永淳是高宗李治最后一个年号，这也意味着武则天所做的一切改变都成了过去式。神龙元年（705年）十一月壬寅，武则天崩于神都上阳宫，年八十二岁。李显将母亲与父亲合葬乾陵。

大唐江山终于还政李氏。

第四节　狄公子孙

神龙政变的五年之前，即久视元年（700年），狄仁杰在洛阳去世，就地安葬在了洛阳，墓址在今天洛阳市东北十五里的孟津平乐镇。关于狄仁杰的后代，根据《新唐书》记载，狄仁杰留有两子，狄光嗣和狄景晖。《新唐书·宰相世表》则记载有三子：狄光嗣、狄光远和狄光昭。其中狄光嗣、狄景晖和狄光远均有史料记载，狄光昭则事迹不详，可能便是狄景晖，有待发现新的史料以作进一步考证。

狄仁杰的长子狄光嗣，现存资料较为完整，基本能够了解其人生轨迹。狄光嗣在圣历元年（698年）担任司府丞，此时狄仁杰在朝为相，武则天命各位宰相举荐可以担任各部尚书郎的人员，狄仁杰没有避嫌地举荐了狄光嗣。后来狄光嗣果然不负父望，做出了一番政绩，武则天得知后称赞道："祁奚内举，果得人。"祁奚是春秋是晋国名臣，在推荐贤才时能够做到"外举不避仇，内举不避亲"，举荐了自己的杀父仇人解狐和自己的儿子祁午，皆称其职。武则天是称赞狄仁杰有祁奚之风。

狄仁杰去世后，狄光嗣历任淄州（今山东淄博）、许州（今河南许昌）、贝州（今河北清河）三州刺史，这段时间正是朝廷最为混乱的时期，先是张柬之等人发动神龙政变逼武则天退位，后又有韦后专权，随后临淄王李隆基辅佐李旦起兵，诛杀韦后，扶李旦继位。此后狄光嗣母亲去世，按照当时的制度，需要狄光嗣去职守丧三年，但睿宗李旦以狄光嗣是忠良之后，勤于王事，因此特批夺情视事，任命其为太府少卿，以示恩宠。狄光嗣坚决拒绝，多次上书请求皇帝让自己为母亲守丧，由此可见狄光嗣事母至孝。睿宗李旦嘉其意诚，也不再勉强，并且下旨命人将此事记录国史。狄光嗣此后还在父亲狄仁杰任职过的汴州担任刺史，开元七年（719年），升任扬州（今江苏扬州）大都督府长史，后被贬歙州（今安徽歙县）别驾，没多久就去世了。

狄光嗣的子孙，根据《新唐书·宰相世表》记载，有孙名狄博通，可能因官职低微或无官职，缺乏史料记载，李白有《东鲁见狄博通》一诗传世，即为此人。狄博通有子名狄玄范，根据《旧唐书》记载，狄玄范在宪宗元和二年（807年）被授予右拾遗一职。此外，根据《唐会要》卷四五《功臣》记载，文宗太和二年（828年），朝廷下诏褒奖狄仁杰"恢复庙社，事形先觉"之功劳，特意授予其玄孙狄玄封为怀州修武县（今河南修武）县尉。从狄玄范和狄玄封的名字看，二人当属同辈，都是狄仁杰的玄孙，只是不知道是否为亲兄弟。史料还记载有狄惟谦，在唐武宗会昌年间（841—846年）任职晋阳令，"守官清恪，不畏强御"，为官清廉谨慎，是个不畏强权的好官，颇有狄仁杰风范。

但是此人是狄仁杰的第几辈后人,已经不可考知。

狄仁杰另一个在历史上有记载的儿子是狄景晖,关于狄景晖的记载并不多,狄景晖在狄仁杰任职过的魏州任司功参军,不过与乃父体恤百姓不同,狄景晖贪暴为虐,当地的百姓大受其苦,却不敢得罪这位参军大人,只得将狄仁杰在魏州的生祠拆毁泄愤。此事在《资治通鉴》《旧唐书》《新唐书》等多种史料中都有记载,应该是较为可信的。

狄仁杰另一子狄光远出现在新旧《唐书》中,长寿元年(692年)狄仁杰任宰相时遭来俊臣诬陷下狱,狄仁杰将密信藏于棉衣送回家中,收到这件棉衣的正是狄光远,狄光远看到棉衣立马想到父亲是要传递信息,拆开后果然发现父亲的书信,于是狄光远立刻携带父亲书信入宫求见武则天,为狄仁杰申冤。狄仁杰也因此侥幸得脱冤狱。由此可知,狄光远颇有急智,若非他及时领会父亲意图,恐怕狄仁杰已经命丧黑牢之中,不会有未来劝立庐陵王、举荐张柬之等人之事,更不会有神龙政变、还政李唐之事了。

除了狄仁杰的后代,在狄氏子孙中,有一人从为官风格到事迹都与狄仁杰极其相似,他就是狄兼谟。狄兼谟在新旧《唐书》中均有传,又有墓志材料,根据《唐狄兼谟墓志铭》记载,狄兼谟是狄仁杰伯父狄知俭一支的后代。狄兼谟字汝谐,唐宪宗元和年间(806—820年)进士及第,第一任官职为襄阳推官,其后任校书郎,狄兼谟为政风格刚正不阿,颇有狄仁杰之风范。当时正值令狐楚为相,朝中朋党纷争,武儒衡受宪宗重用,引起了令狐楚的忌恨，于是令狐楚就以举荐狄仁杰后人为名，影射武儒衡先人武平一倾向武则天而背离唐室，令狐楚欲以此手段离间宪宗与武儒衡的关系。狄兼谟也因此得以被授左拾遗一职。狄兼谟在任时多次上书言事，穆宗长庆元年（821年），狄兼谟作为副使，与给事中韦弘庆一同宣抚幽州。此后狄兼谟任刑部郎中、蕲州（今湖北蕲春）、邓州（今河南邓州）、郑州（今河南郑州）三州刺史，在某一任刺史任上，有一年遇上了旱灾，狄兼谟开仓放粮，使得当地没有发生百姓逃荒之事。狄兼谟随后又改任苏州（今江苏苏州）刺史，政绩为当时全国第一。

在地方出色的政绩使得狄兼谟得以入朝任给事中。给事中乃门下省要职，"侍奉左右，驳正违失"，文宗开成二年（837年），户部度支司的左藏史贪污了度支司的缣帛，事发时由于文宗已经宣布大赦，于是文宗准备赦免他们，狄兼谟认为此举不妥，于是行使给事中的封奏权，封还了文宗的赦书，文宗于是询问狄兼谟封还的理由，狄兼谟认为不可随意赦免赃吏，文宗于是说："我既然已经赦免了他们的上级，那么这些吏员理应同样在赦免的范围之内，君王一言九鼎，与其言而无信，不如暂且放过这几个赃吏。"虽然没有接受狄兼谟的建议，但文宗生怕因此打击了狄兼谟的积极性，于是又补充说，"以后朝廷倘有失策之处，不要因为忌惮此次之事，请依旧封奏。"此事让文宗看到了狄兼谟敢于言事的特点，不久就将其提升为御史中丞。

御史中丞为御史台实际最高长官，文宗将此职授予狄兼谟足可见信任。文宗在授职时说："御史台朝廷纲纪，台纲正则朝廷理,朝廷正则天下理。凡执法者,大抵以畏忌顾望为心,职业由兹不举。卿梁公之后,自有家法,岂复为常常之心哉!"[1]除了叮嘱狄兼谟用心为官外,文宗还提到了狄仁杰这位先祖以勉励狄兼谟。狄兼谟受文宗鼓舞,在御史中丞任上又弹劾江西观察使吴士矩挪用贡钱数十万,违规赏赐军士。狄兼谟认为吴士矩违规赏赐,不仅有违国法,而且会使其他官员援引此例,流弊颇多。弹章一上,吴士矩被贬蔡州别驾。

此后狄兼谟历任兵部侍郎、检校工部尚书,充任河东节度使等职,死于东都留守任上。

第五节 名留千古

神龙元年(705年),狄仁杰引荐的张柬之、敬晖、桓彦范等人没有辜负他的期望,从武则天手里夺回了权力,终于光复大唐。

这是狄仁杰为大唐做的最后一件事,一如过去那些他做过的事:致力民生、审断冤狱、赈济百姓、打击豪强、迎归太子……在过去的五十年里,他自始至终都是大唐王朝最可靠的守护者。

李显即位后,没有忘记这位老臣对自己的恩情,追赠狄仁杰为司空。李旦和狄仁杰基本处于同一时期,对于狄仁杰的生平事

---

[1] [后晋]刘昫:《旧唐书》卷八九《狄仁杰传》,中华书局,1975年版。

迹、人品德行非常清楚，后又追封狄仁杰为梁公。

到了唐玄宗李隆基登基时，此时距离狄仁杰去世已经十二年，但与狄仁杰同时代的旧臣有的还活跃在政坛，比如姚崇。李邕所撰《狄梁公传》此时已广为流传，所以李隆基对于狄仁杰的事迹不但不陌生，反而更加熟悉。天宝六年（747年）正月十二，李隆基下令狄仁杰与魏元忠配享中宗庙，狄仁杰推举的张柬之、崔玄暐、敬晖、桓彦范、袁恕己五人在此之前就已经进入了中宗庙，李隆基用这种方式承认了他们的政变之功。

建中元年（780年）十二月，唐德宗李适按照"名迹崇高、功效明著"的标准，对自高祖李渊武德年间以来的功臣进行了等级评判，狄仁杰与唐初名相房玄龄、杜如晦、魏徵等共同被划分为上等。

唐宪宗元和二年（807年）七月，朝廷录配享功臣之后，狄仁杰玄孙狄玄范被封右拾遗。唐文宗太和二年（828年）六月，朝廷再一次录功臣之后，狄仁杰另一玄孙因狄仁杰"恢复庙社，事形先觉"之功，被授予怀州修武县县尉。

唐朝历代皇帝对于狄仁杰的褒奖多集中在他迎立庐陵王李显、引荐五王匡复唐室的事迹上。历史上评判狄仁杰的历史功绩也多集中在这一点上。比如唐人吕温撰有《狄梁公立庐陵王传赞并序》一文，吕温活跃的年代大致在唐德宗至唐宪宗期间，在他的文章里，对狄仁杰的评价有"唐复为唐，系公是赖""乃建国本，代天张机"这样的语句。又如唐德宗至唐文宗时的冯宿，在给狄仁杰祠堂作的碑文中，赞狄仁杰"再造唐室，时维梁公"。

再比如唐宪宗时的宰相令狐楚曾引荐狄仁杰族曾孙狄兼谟为左拾遗，还对狄仁杰大加赞赏，并对他匡复唐室的功绩给予了高度评价："诞生仁杰，保佑中宗，使绝维更张，明辟乃复"。

当然，狄仁杰的伟大之处绝不只是在于匡复唐室，追封梁公也好，配享宗庙也罢，终不过是一朝一姓给予的评价。狄仁杰之所以能够拥有超越朝代的历史地位，成为无数历史故事的主人公，真正的原因是他代表了正义，代表了公平，代表了民心。

只有人民才拥有对历史人物的终极评价权。狄仁杰的历史地位不是由匡复唐室这样的功劳奠定的，而是由他兢兢业业治理大唐、一心一意为百姓谋福祉的经历决定的。百姓从来不会因为当政的是武皇帝还是李皇帝而喜悦悲伤，他们评定一个人物"好坏"的标准很简单：谁能使百姓安居乐业，谁就会被百姓记住，被历史记住。

遗憾的是，由于史料的湮灭，我们已经无法了解狄仁杰早期担任地方官和在大理寺任职的详细经历，唯一能够证明这些功绩的只有几座地方百姓为狄仁杰所立的祠堂和石碑了。

唐朝江南西道的彭泽县（今江西彭泽东北）是狄仁杰逃过来俊臣诬陷之后被贬的地方，狄仁杰在此担任县令四年，其间减免赋税，赈济灾荒，发展生产，为当地百姓做了很多好事。为了纪念这位县令大人的恩德，当地百姓为狄仁杰修建了祠堂。狄仁杰在彭泽县的事迹直到唐末仍有传颂，唐末著名文学家皮日休、北宋名相范仲淹经过彭泽县时，都曾给狄仁杰祠写过碑文。

给狄仁杰立过祠堂的还有魏州（今河北大名东北）百姓，狄仁杰于万岁通天元年（696年）五月至神功元年（697年）六月在此地担任刺史，当地百姓为其立了生祠。后来由于其子狄景晖为百姓所恶，当地百姓又将其生祠拆毁。此后祠堂经历过两次重建，最终在明朝正德年间再次被毁，如今仅存一碑。

值得一提的是，在魏州当地还有一座"三贤堂"，供奉的是魏徵、狄仁杰和韩琦。其中魏徵和韩琦在他们的时代都属于魏州人，只有狄仁杰是外地人，从这个例子我们可以感受到，狄仁杰在当地是深得民心的。

永隆、垂拱年间，狄仁杰在宁州（今甘肃宁县）任刺史。在任期间，他调和当地汉人和少数民族的关系，深得民心，当地百姓为其立碑。担任豫州刺史期间，李贞、李冲父子叛乱，波及无辜百姓五千余人，又是狄仁杰求情，最终使得这一批人改判流放。在流放队伍经过狄仁杰担任过刺史的宁州的治所时，当地的老百姓告诉这些流放者，是我们的狄使君救了你们，狄公的恩情，使得你们在千里之外受到恩惠。范仲淹曾经任职过的庆州（今甘肃省庆城县）与宁州毗邻，他在所作碑文中特意列举此事。宁州百姓为狄公立的碑现存宁县博物馆。

此外，洛阳作为狄仁杰长期工作和生活的地方，又是狄仁杰逝世的地方，同样存有狄仁杰的祠堂。据清代所撰《洛阳县志》记载，洛阳共有两座狄公祠，一座位于西关，一座位于白马寺附近。狄仁杰的故乡阳曲县，也有他的祠堂。

明清时期出现了不少以狄仁杰事迹为题材的戏剧、小说，其中影响力比较大的一本是光绪年间成书的《狄公案》，这本书写的是狄仁杰如何在侦破一系列奇案的同时推翻武则天的统治,迎回正统天子李显的故事。实际上,这本书讽刺的就是当时垂帘听政的慈禧太后。

荷兰人高罗佩是一个中国通,对中国文化非常痴迷,也非常精通。当时他在中国担任荷兰流亡政府驻华使馆的外交官,一次偶然的机会,他看到了这本清朝的《狄公案》,发现东方居然有比肩大侦探福尔摩斯的狄仁杰,惊喜之下就把《狄公案》的前三十回拿回国翻译出版了,结果在国外引起了极大轰动。20世纪50年代他又创作出版了一部140万字的《大唐狄仁杰断案传奇》,同样广受好评。再后来,国内发现国外居然有这么一部以狄仁杰为题材的侦探小说,于是把高罗佩的作品引进了国内。从此,狄仁杰在普罗大众眼中的形象就发生了天翻地覆的变化,这个来自大唐武周的能臣名相,从此就变成了一个破解无数奇案的大侦探。

高罗佩对狄仁杰形象的二次创作使这位中国唐代的名臣获得了新的生命活力,现在我们能够看到的狄仁杰形象,很大一部分就来自高罗佩的创作,而狄仁杰在当代的人气也由此而来。

到这里,狄仁杰的故事应该就可以结束了。

我们应该如何评价狄仁杰呢?他是享誉千古的名臣,他是使李唐皇室绝而复继的人,是维护大唐统治稳定的中流砥柱,但更重要的是,他是平理冤狱无人不服的大理寺丞,是为百姓申请减免赋税的彭泽县令,是为民请命的豫州刺史,是抚和戎夏的宁州刺史,是稳定百姓生产的魏州刺史。狄仁杰的地位和价值绝不是爵位和谥号所能概括的，似乎那些百姓们自愿建立起来的祠堂和石碑更能述说他的功绩与历史贡献。

他是大唐江山社稷的守护者，更是大唐苍生百姓的守护者。在古往今来众多对狄仁杰的赞词中，当属范仲淹所撰的《唐狄梁公碑》中的两句话最为深刻：

> 天地闭，孰将辟焉？日月蚀，孰将廓焉？大厦仆，孰将起焉？神器坠，孰将举焉？岩岩乎！克当其任者，惟梁公之伟欤！